El don de vivir como uno quiere

Concha Barbero de Dompablo

El don de vivir como uno quiere

Claves para lograrlo

EDICIONES OBELISCO

Si este libro le ha interesado y desea que le mantengamos informado
de nuestras publicaciones, escríbanos indicándonos qué temas son de su interés
(Astrología, Autoayuda, Ciencias Ocultas, Artes Marciales, Naturismo, Espiritualidad,
Tradición...) y gustosamente le complaceremos.

Puede consultar nuestro catálogo en www.edicionesobelisco.com.

Colección Nueva conciencia
El don de vivir como uno quiere
Concha Barbero de Dompablo

1.ª edición: marzo de 2010

Maquetación: *Marga Benavides*
Corrección: *Sara Moreno*
Diseño de cubierta: *Marta Rovira*

© 2010, Concha Barbero de Dompablo
(Reservados todos los derechos)
© 2010, Ediciones Obelisco, S. L.
(Reservados los derechos para la presente edición)

Edita: Ediciones Obelisco, S. L.
Pere IV, 78 (Edif. Pedro IV) 3.ª planta, 5.ª puerta
08005 Barcelona - España
Tel. 93 309 85 25 - Fax 93 309 85 23
E-mail: info@edicionesobelisco.com

Paracas, 59 - Buenos Aires
C1275AFA República Argentina
Tel. (541 - 14) 305 06 33
Fax: (541 - 14) 304 78 20

ISBN: 978-84-9777-622-6
Depósito Legal: B-5.204-2010

Printed in Spain

Impreso en España en los talleres gráficos de Romanyà/Valls S. A.
Verdaguer, 1 - 08786 Capellades (Barcelona)

Reservados todos los derechos. Ninguna parte de esta publicación,
incluido el diseño de la cubierta, puede ser reproducida, almacenada,
transmitida o utilizada en manera alguna por ningún medio,
ya sea electrónico, químico, mecánico, óptico, de grabación
o electrográfico, sin el previo consentimiento por escrito del editor.
Diríjase a CEDRO (Centro Español de Derechos Reprográficos, www.cedro.org)
si necesita fotocopiar o escanear algún fragmento de esta obra.

*Dedicado a quienes necesitan un impulso para encauzar
su energía hacia su propósito.*

Gracias

*A los que estuvieron aquí antes de que naciera, porque son
también parte de mí.*

*A quienes me criaron y educaron, por transmitirme la alegría de
vivir y la esencia del amor.*

*A los que me acompañan en un camino paralelo, por mostrarme
el espejo de lo que soy.*

*A las generaciones que me siguen, por el estímulo que me aportan
para continuar.*

*A todas las personas buenas de esta vida, al Alma universal que
nos sostiene; a la energía Divina que nos impulsa.*

Introducción

*Los libros sólo tienen valor cuando conducen
a la vida y le son útiles.*

Hermann Hesse

Cuando comencé a estructurar este libro contaba con textos que había ido redactando en momentos de inspiración y especial sensibilidad. Me gusta escribir justo cuando la vida misma me habla, así que había ido anotando aquello que, en el día a día, me aportaba enseñanza para hacer lo que más me llenaba y ser lo que deseaba. Ese fue también el método que empleé en mi anterior libro, **Palabras para el Bienestar**, en el que expuse cómo armonizarnos interiormente mediante la autoobservación y la toma de responsabilidad de nuestra vida.

En **El don de vivir como uno quiere** continúo el proceso iniciado en el primer libro y, en concreto, desarrollo la esencia del capítulo «Tienes ilusiones y proyectos». Pongo aquí más énfasis en la importancia de profundizar en nosotros para aplicar nuestra fuerza creativa y hacer efectivo el tipo de vida que nos gustaría llevar; un objetivo que puede ser tan «simple» y tan bello como existir cautivados por lo que nos rodea o, de otro modo, descubrir un don específico, que mantenemos dormido por desconocer cómo despertarlo.

«¡Qué complicado es eso de vivir como uno quiere!» me decían algunas personas cuando les hablaba del título de este libro. No podía responderles con una breve explicación o resumir en una frase que sólo su patrón negativo hacía que lo fuera, porque, sin más preámbulos, podía parecer que deseaba desacreditarles. Sin embargo, así es. Lo queramos aceptar o no, sólo desde la creencia rotunda en uno mismo se puede lograr la vida que uno quiere. Y lo lógico sería que lo aceptáramos, aunque sólo fuera por sano egoísmo, por sentirnos dueños de nosotros y no dependientes de otras personas o exclusivamente de las circunstancias.

Vivir como uno quiere es, en realidad, cumplir la misión para la que se ha venido a este mundo, porque todos tenemos una y cuando la desempeñamos nos encontramos mucho más plenos. Estamos capacitados para desarrollar nuestro potencial para un fin concreto, de carácter artístico, laboral, social o personal, y su motivación principal ha de ser la de sentirnos bien y contribuir al bien común; lo segundo será consecuencia de lo primero.

Cada persona debe llegar a saber qué es lo que le seduce, pero también lo que puede llevar a cabo y si es el momento adecuado para ponerlo en práctica. Claro que una cosa suele ser el resultado de la otra: «Quien sabe qué hacer, también sabe cuándo», dijo Arquímedes.

Identificamos lo que más nos atrae, pues, y nos empeñamos en ello, pero considero que hay una serie de «normas» o claves, que pueden aprenderse, y que están muy entramadas también con la intuición. Este proceso lógico e intuitivo para vivir conforme a tus intenciones es el que deseo transmitir en este libro. Considero, asimismo, que estamos integrados en un orden y un poder universal Supremo que nos da seguridad para alcanzar las metas, y al que podemos acceder tan sólo con permitirnos sentir que ya lo tenemos dentro.

Puede que lo que leas en estas páginas te haga sentir unas veces reconfortado, otras desconcertado y en otros momentos con la sensación de tener bastante trabajo por delante; quizás compruebes, por otra parte, que lo que te indico ya lo habías deducido de tu propia experiencia. Todo dependerá del estado de ánimo en el que te encuentres y, en cualquier caso, podría ser un ensayo mental de lo que apreciarás en tu propio proceso de crecimiento o de dirección gradual hacia el tipo de vida que quieres llevar. Si consigo removerte interiormente habrá valido la pena.

Para una mejor asimilación del contenido global de la obra, en el epílogo resumo cada uno de sus apartados, mediante decálogos de frases clave. Este ejercicio de síntesis tal vez te proporcione alguna respuesta para la inquietante pregunta que todos nos hacemos alguna vez: «¿Y ahora, por dónde empiezo?».

Mi deseo más íntimo, querido lector, es que lo que he escrito te transmita el mensaje de que estás capacitado para alcanzar tu sueño de vida o, mejor aún, que constates que disfrutar de tu vida sea, precisamente, lo que ya estás haciendo.

CONCHA BARBERO

EL TRIUNFO DE LA MIRADA INTERIOR

¿Aprendí a valorar la soledad al escribir?

¿O al saber estar en soledad fui capaz de escribir?

Primero fue la mirada interior.

Me descubrí.

Me recreé.

Nadie me guiaba. Sólo yo me conducía.

Encontré mi propio mundo, que era el mundo.

Necesitaba describirlo.

Amé lo que hacía porque fui capaz de amarme.

Quise compartirlo. Tenía algo que dar.

Escribo y gozo.

Me recreo cuando escribo.

Gozo cuando no escribo. La escritura me espera.

Escribí porque supe estar sola.

Y acompañada...

(Si yo lo hice, tú puedes hacerlo)

Capítulo 1
La orientación de tu vida

- ✽ EL SER DE LOS NIÑOS
- ✽ RECOBRA LA CONFIANZA EN TI
- ✽ CONOCE TUS FRENOS
- ✽ TIENES PODER CREATIVO
- ✽ SIEMPRE ESTÁS A TIEMPO

Capítulo 1
La orientación de tu vida

Si es bueno vivir, todavía es mejor soñar,
y lo mejor de todo, despertar.

Antonio Machado

Alguien puede haber ojeado este libro, le ha llamado la atención el título y tal vez haya sentido un atisbo de entusiasmo; le ha inducido a despertar su propio interés por emprender otro modo de vida. No obstante, tras esa sacudida de optimismo, puede encontrarse con un problema: se detiene a pensar seriamente en el propósito de su vida, en el sueño que desea materializar, y se da cuenta de que, en realidad, no sabe cuál es. ¡No tiene ningún sueño! No tiene una idea clara del tipo de vida que le gustaría vivir. No sabe cómo ni en qué aplicar esa fuerza que, momentáneamente, parecía empujarle hacia la luz. Tal vez no se cree merecedor ni siquiera de albergar la esperanza de soñar o puede que piense que haya que elevarse al cielo para llevar a cabo hechos extraordinarios, dignos de mención y, en tal caso, esa historia le viene demasiado grande… Así que, lo más probable es que deseche rápidamente ese impulso inicial, porque ¿para qué se va a complicar la vida? Si ya tiene, más o menos, lo que necesita. Y en ese «más o menos» se queda en su cómodo descontento. Es lo que conoce.

Cuando adoptamos esta actitud resignada de lo que nos acontece puede ser un indicativo de que estamos tomando como referencia lo exterior. Damos prioridad a los valores y actos de otras personas, y nos sentimos pequeñas hormigas con un poder muy reducido. Claro que esto no es extraño; estamos acostumbrados a ello.

Desde nuestra más tierna infancia nos hemos habituado a reprimirnos, fundamentalmente para evitar el rechazo del entorno. Aprendemos que hay que controlar nuestras emociones, estrangular nuestra espontaneidad, con el fin de estar «integrados», no diferenciarnos, para ser apreciados. Y así, agazapados, va disipándose la posibilidad de aplicar nuestra inmensa fuerza. En un momento dado, consideramos normal vivir obviando nuestros valores y talentos y nuestra capacidad para decidir, que, de tanto esconderla, creemos no tener.

Sin embargo, es posible recuperar la ilusión, brillar tras reconocer la luz que poseemos, e iluminar con ella a quienes también la están buscando. Cada vez hay más personas decididas a saber lo que encierran y lo que pueden ofrecer. Y no hay otro secreto para el despertar de la humanidad, en su conjunto, que el despertar de cada uno de los seres humanos que la constituimos.

Lo ideal sería sentir nuestras inmensas posibilidades desde los primeros pasos de nuestra vida y mantener la pureza y la fuerza con la que partimos. Para ello, es determinante la labor y el ejemplo de las personas con las que vamos avanzando. Pero, desde luego, lo que sí está en nuestra mano es resurgir y llegar a ser lo que deseamos, cuando lo que nos sucede no nos satisface y ya depende de nuestras elecciones.

En este capítulo trataré de acercarme a todo aquello que puede favorecer la creencia de que somos seres completos y capaces de disfrutar de la vida, desde niños hasta cuando consideramos (equivocadamente) que, por la edad, nos queda poco brío. Será necesario, para ello, que conozcamos de dónde proceden los frenos que nos paralizan y que se desvanezcan algunas de las ideas que creíamos que nos sostenían: aprender a pensar de otro modo, sentir intensamente y emocionarnos.

La alegría de vivir depende más de nuestra interioridad y del concepto que tengamos de nosotros mismos que de lo que tiene lugar fuera, así que la valentía de mirarnos interiormente y transformar lo que nos impide avanzar nos devolverá el precioso regalo de ver cumplidas nuestras expectativas.

EL SER DE LOS NIÑOS

Los hijos de todo el mundo son especiales, no entiendo de dónde salen tantos adultos mediocres.

FRASE DE LA PELÍCULA *CODE 46*

¿Deseamos que esos niños especiales sean también adultos especiales?

¿Nos gustaría ser personas mayores especiales?

Pues el trabajo puede ser conjunto. Hemos de ser conscientes de la importancia de basar la educación de quienes nos siguen en el «ser», no sólo en el sentido puramente profesional, familiar y social, como «eres un buen estudiante, un buen hijo o un buen ciudadano», sino también en los valores que van a hacerles sentirse bien consigo mismos: eres una persona querida y, por tanto, autosuficiente, valiosa, capaz de emprender lo que desees y de conseguirlo, preparado para saborear tus éxitos y aprender de tus fracasos. De esta manera, llegarán a percibir y explotar su propio tesoro personal. Y la clave para esta educación positiva de los más pequeños es el trabajo de las debilidades de los mayores. Así comienza el «trabajo en equipo». Los padres queremos hijos felices, pero antes es necesario que aprendamos a serlo nosotros. Los adultos, primeramente, tendríamos que recuperar la ilusión de los niños para poder sintonizar con ellos. Después ya podríamos darles estas buenas lecciones de vida, desde el ejemplo:

- Ser honestos, para que ellos lo sean.
- Disciplinados, para que perciban el resultado del esfuerzo.
- Pacientes, para que comprendan la importancia del equilibrio.
- Alegres, para que capten que la esperanza supera al miedo.
- Valientes y enérgicos, para que sepan que la ociosidad es la cárcel de la rutina.
- Y darles a entender que cada una de sus vivencias ha de estar enfocada a sentirse bien consigo mismos. Éste es uno de los principales secretos de la prosperidad para su futuro.

Debemos, pues, dignificarnos y proyectar una imagen íntegra, sustentada en el amor y en el disfrute de todo lo que nos rodea. En realidad, la mayor herencia y el mejor ejemplo que pueden habernos dejado nuestros padres es la de haberles visto caminar seguros y gozando de la vida, y esa actitud es también lo más valioso que podemos legarles a nuestros hijos para que recorran su propio camino con entusiasmo.

Seguro que quienes nos han precedido lo han hecho lo mejor que han podido, sencillamente porque es lo mejor que han sabido. No es mi intención ni mi competencia ofrecer, en este apartado, un tratado de educación, pero sí una reflexión sobre lo que puede ser adecuado para encaminarnos hacia una vida feliz, para poder entender en qué debemos incidir en los que nos suceden y –situándonos ya en nuestra etapa de adultos– para identificar los cambios que podemos realizar en nosotros, teniendo como referente lo que hayamos experimentado y recordemos de nuestra propia infancia.

Claudio Naranjo, psiquiatra chileno, pionero en psicología humanística, señala la importancia de evitar que los niños lleguen dañados afectivamente a las aulas. Es muy probable que en muchos de los hogares no encuentren patrones coherentes que imitar y, en consecuencia, se alimentan de las disputas que presencian, de la falta de entendimiento entre sus mayores y de la nefasta creencia de que el ser humano no merece respeto. Aunque no nos demos cuenta, ellos están vigilantes; debiéramos darles buen ejemplo, porque de esos primeros pasos de su vida depende, en gran medida, cómo se desenvuelvan en sus relaciones de adulto: pueden estar plenas de amor y generosidad o, en otro caso, de los polos opuestos, que son el miedo y el egoísmo, porque lo opuesto a miedo no es valentía, sino amor. El miedo impide que salga el amor.

Los chicos repiten los comportamientos de los mayores y, cuando no encuentran lo que precisan, se inventan un mundo sin esfuerzo, en el que alcanzan un mínimo nivel de frustración, que hace muy complicada la asunción de responsabilidades y, aún más, una proyección coherente, que les conduzca a tener interés por sí mismos, lo fundamental para ir por buen camino. Una excesiva permisividad, por ejemplo, les lleva a convertirse en seres pasivos e incapaces de perseguir objetivos, o siquiera de planteárselos. De ahí la importancia de que los mayores estemos seguros de nuestra fortaleza, para actuar desde ella con firmeza.

Ahora bien, en otro extremo, a veces aplicamos un estricto sistema jerárquico que sitúa a los niños en un nivel inferior, lejos de un entorno afectivo. Esas frases tan ligeras que a veces se nos escapan, como «Ésta es mi casa, cuando tengas la tuya haz lo que quieras», les apartan del concepto de unidad familiar, se sienten excluidos y no aceptados y, por tanto, lejos de la filosofía de universalidad y cohesión que necesitarán para vivir armónicamente también de adultos.

Claro que hay una parte genética que puede influir en el devenir de nuestra vida, pero también es muy importante la ambiental, la que metabolizamos en nuestro entorno, y que es tan decisiva para nuestro futuro. Así que, si el día de mañana no modifican ese concepto rígido de las relaciones interpersonales, por una parte, y pasivo o permisivo, por otra, actuarán inadecuadamente con sus hijos o con aquellos que estén a su cargo, y la rueda de las equivocaciones continuará. Hay que detenerla, girar su sentido es posible y muy necesario. Lo ideal es buscar el equilibrio, el punto medio en el que actuemos con equidad, sin quedarnos en los dos extremos, el del autoritarismo y el del «colegueo».

En los centros educativos, por otra parte, muchos de los profesores se ven obligados a llevar a cabo su actividad aprendiendo y practicando las leyes de la defensa y el ataque, salvo aquellos docentes que consiguen (siempre que posean un alto nivel de autoestima) manejar sabiamente esa fusión perfecta de disciplina, empatía y afecto. Con esta buena mezcla, los chicos sienten interés por aspectos fundamentales para su felicidad y madurez, como el afán de superación, la colaboración y el valor de realizar las tareas con gusto y entrega, en lugar de por determinados fines interesados, que pueden llegar a ser perecederos.

Sin embargo, lo verdaderamente importante aún se pasa por alto en la educación, aunque llegará un momento en que sea totalmente imprescindible abordarlo. Se impondrá enseñar a tener pensamientos propios, a manejar las emociones desde la infancia, porque la formación académica actual alimenta los conocimientos, pero no la capacidad para relacionarse ni la imaginación. Es preciso cubrir esa laguna no desde la manipulación («La infancia tiene sus propias maneras de ver, pensar y sentir; nada hay más insensato que pretender sustituirlas por las nuestras», dijo Jean Jacques Rousseau), sino desde la orientación; marcarles unos límites para que sean personas más seguras, y permitirles que se equivoquen para que aprendan y evolucionen, para que conozcan el haz y el envés de la vida. No ocultarles nada, sino abrirles la cortina de las posibilidades para que divisen la belleza que les queda por descubrir.

Lo ideal sería adquirir una formación como padres, que no ha estado a nuestro alcance, al igual que la hemos tenido para nuestras profesiones o, incluso, nuestras aficiones: «Padres e hijos reciben el título el mismo día, pero ninguno de los dos ha asistido a un curso para ejercer su profesión», dice la sabia Mafalda de Quino. En este sentido, además de nuestro propio trabajo personal, que ellos asimilan en el día a día, cada vez disponemos de más información y ayuda externa; contamos con especialistas que nos pueden guiar o acompañar en la materia, y que están muy a nuestro alcance, incluso a través de Internet; nos pueden asesorar en muchas circunstancias cruciales para las que no estamos preparados. Talleres para padres y portales especializados (por ejemplo, http://www.solohijos.com/) nos aportan valiosas explicaciones de cómo abordar su educación, sus inquietudes y problemas, accediendo a las áreas más sensibles de quienes se están abriendo a la vida. El filósofo y escritor José Antonio Marina ha puesto también en marcha la Universidad de Padres (UP on-line), un proyecto pionero, gratuito (www.universidaddepadres.es), en el que participan diversos profesionales de distintos ámbitos. Su finalidad es ayudar a las familias a diseñar su propio proyecto educativo e, incluso, llegar a crear una comunidad de padres que comparten inquietudes y experiencias.

Lo que nunca debemos hacer es sentirnos culpables de no poder dar lo que, seguramente, tampoco se nos ha enseñado; la culpa tampoco es buena herencia; tenemos que saber perdonarnos, pero, al tiempo, concienciarnos de la importancia de enfocarnos y atender a la interioridad de quienes, en un futuro, serán los encargados de hacer que el mundo se encamine hacia lo que verdaderamente trasciende. Y si te asalta la duda de si estarás actuando bien o mal, si te cuestionas también si lo habrán hecho adecuadamente contigo, piensa que hay una medicina infalible para todos los males, que es el amor: estar dispuesto a dar y recibir amor por quienes te precedieron y por los que te siguen es el mejor método para reforzar los lazos afectivos y para aportar la seguridad que se necesita emocional y socialmente.

No se puede ser perfectos, pero sí mejores compañeros de viaje, divertirnos con los más pequeños y que ellos lo hagan con nosotros y, en el camino, ir forjando su confianza en la vida, colocarles ante el mirador de la esperanza para que tengan la certeza de que es posible y placentero llegar hasta donde se propongan hacerlo.

RECOBRA LA CONFIANZA EN TI

> *El que conoce el arte de vivir consigo mismo ignora el aburrimiento.*
>
> ERASMO DE ROTTERDAM

A medida que nos hacemos mayores, nos vamos acomodando a las creencias con las que convivimos y que consideramos inamovibles (nadie nos ha avisado de que podíamos cambiarlas para nuestra felicidad) o que ni siquiera nos hemos parado a considerar. Aceptamos que lo vivido es muy parecido a lo que nos queda por vivir, hasta que, en un momento dado, alguna circunstancia nos lleva a experimentar un ligero despertar, y comenzamos a preguntarnos el porqué de las cosas, qué ha sucedido en nuestro trayecto y cuáles son las enseñanzas que hemos aprendido y aplicado.

En ese análisis, y con relación a nuestros orígenes y educación, unas veces sentiremos un agradecimiento profundo por todo lo que nos enseñaron y apoyaron, pero también atravesaremos períodos de cierto laberinto emocional, que pueden desembocar en dudas o rebeldía por lo que consideramos que dejaron de hacer por nosotros. Si actuamos en justicia, llegaremos a un «espacio» muy confortable, que es el de la comprensión. Aceptaremos que nuestros mayores nos han enseñado tanto lo que sabían como lo que desconocían, y que por ambas cosas les debemos nuestra más sincera gratitud. La compasión –no lastimera, sino comprensiva– confluirá, finalmente, en el amor. Es lógico llegar a ese último paso si consideramos que ellos transitaron por un sendero parecido o, probablemente, más complicado que el nuestro. No es humano exigirles la perfección que nosotros tampoco poseemos, sino percibirles, como indica Joan Garriga, experto en constelaciones familiares, desde el «realismo, el respeto y el amor»:

«Amar lo que es, la realidad tal y como se manifiesta.
Amar lo que somos.
Amar a todos los que son, en especial a aquellos
que forman parte de nuestra Alma familiar.»

Podremos, incluso, elevarnos a un nivel de discernimiento quizá incomprensible desde nuestra racionalidad, pero que se adentra en lo más profundo de nosotros, tal y como lo expone el experto en psicogenealogía Alejandro Jodorowsky en el siguiente texto (no es necesario entenderlo en su totalidad, porque, para ello, debiéramos profundizar más en esta teoría, expresada con acierto, por ejemplo, en la obra *Mis antepasados me duelen*, citada en la bibliografía); tan sólo hemos de quedarnos con el mensaje de curación que nos trasmite:

«Como el árbol se juzga por sus frutos, si los frutos
cambian el árbol también. Por lo tanto, podemos cambiar
nuestro pasado, entenderlo mejor. Nuestros abuelos,
bisabuelos, tatarabuelos sufren su desgracia en nuestro
interior; si nosotros nos realizamos, nuestros antepasados,
en nosotros, van a realizarse y se unirán
a nuestro nivel de conciencia.»

En nosotros influye y vive, pues, la genética biológica y psicológica, el inconsciente colectivo y el ambiente en el que nos desenvolvemos. Si deseamos liberarnos o trasformar alguna de estas influencias, tenemos un apasionante trabajo de reconstrucción para llegar al lugar que nos corresponde, y al que sólo se accede desde la expansión de la conciencia. Porque ahora, de adultos, cuando lo que nos sucede, lo bueno y lo malo, ya depende de nosotros, y sobre todo de la actitud que tengamos ante las circunstancias que nos toca vivir, no es tiempo de quejarse de herencias emocionales, ni de solicitar permanentemente ayuda, como si aún fuéramos niños desvalidos. Bajo lo que llegamos a ser desde el aprendizaje se encuentra nuestra más pura esencia, que espera a ser descubierta amable y responsablemente. Cada uno tiene que ir resolviendo lo que la vida le pone para seguir aprendiendo, y creo que ese afán de superación es el mejor modo de percibir lo gris como rosa, las dificultades como retos, las tristezas como puentes hacia la alegría.

Si aquello en lo que nos hemos convertido no nos satisface, hemos de recrear nuestra vida. Tenemos una fuerza interior innata potentísima, y es el momento de aplicarla, de soñar, de planificar y de hacer reales nuestros ideales. Y esto se logra a través del trabajo de las identidades que hemos ido aceptando y alimentando como únicas, y mediante la transformación de lo que nos provoca sufrimiento en gozo. Es posible adiestrar nuestra mente para llevar una vida feliz y aplicar en ello lo que nos van mostrando nuestras experiencias.

> *De inmediato comprendí que era un hecho obvio: el mundo es como es porque así deseamos que sea. Sólo en la medida en que cambian nuestros deseos cambia el mundo. Recibimos lo que pedimos.*
>
> RICHARD BACH

Para recuperar el ánimo que quizá hayas perdido, pasar a la acción y disfrutar de tantas cosas apetecibles como hay a tu alcance es preciso que te liberes de prejuicios y «aprendas» a sentir hasta estremecerte, que abras la mente a la fantasía y no sólo a la utilidad, porque una cosa no es incompatible con la otra: se puede ser abogado, carpintero o ingeniero, vigilante, arquitecto o diputado, empresario o asalariado, y soñar. No importa si posees más o menos recursos materiales, si eres hombre o mujer, si tienes más o menos años. Te aseguro que es posible dar frescura a tu existencia para que sea como te mereces.

En realidad, no tienes que llegar a un lugar concreto, sino abrir un rincón de esperanza dentro de ti. ¿Cuántas veces te has encontrado pensando aquello de «me gustaría desaparecer por un tiempo, retirarme a un monasterio o perderme en el monte»? Es tu conciencia la que te zarandea para avisarte de que ya es hora de que te ocupes de ti, de que te encuentres contigo y dejes de mirar fuera. Porque ese pensamiento no responde a un deseo de esfumarte, sino de imaginarte en un tranquilo entorno en el que, desde lo más hondo de ti, puedas experimentar el gozo de la libertad. Y eso es muy posible, aun sin necesidad de apartarte del ruido.

Comienza despacio; siente tu ingente fuerza interior, poco a poco. No hay prisa. Quítate de la cabeza esa idea de que eres «poca cosa». Tú vales mucho, aunque aún no lo creas. Relájate y déjate mecer por el movimiento de la vida, sin presiones, hasta que entiendas lo grande que eres, a pesar de que siempre te hayas sentido diminuto. Llegará un momento en el que lo que pase ante tus ojos sea lo que quieres ver, por tu mente lo que deseas pensar y por tu corazón lo que te hace sentir bien. Ese estado de bienestar debe de ser lo que llaman consciencia o vida en la luz, que no está reservado sólo para unos elegidos, sino para todos los que eligen situarse en él.

Mantén tus sentidos abiertos a la mejora para que siempre que surja la necesidad de aprender puedas hacerlo. No te asusten los cambios; sin darte cuenta, estás inmerso en ellos permanentemente y, a la vez, en la propia impermanencia de la vida. No hay que preocuparse por perder nada, porque siempre habrá más. Pablo Picasso dijo: «Cada acto de creación es un acto de destrucción». En cada momento de cambio estamos dando paso a otro nuevo, porque vivimos en constante mutación. Es verdad que a algunas personas no se les ha presentado la más mínima oportunidad de mostrar lo que son, de ofrecer su talento, de tomar decisiones por sí mismas, por falta de recursos (que les impedían detenerse en algo que saliera de la propia supervivencia) o por carencias afectivas; tenían suficiente con sobrevivir ante las adversidades, y, después, han permanecido en su patrón de insatisfacción, tal vez por desconocimiento de otro modo de vida o quizá por aferrarse a su propio victimismo, a lo que creen ser. Eso no les supone más que «soportar» el estatismo. Pero en otros muchos casos, motivadas por las mismas situaciones que les llevaron a sucumbir, han sabido obtener lo mejor de sí, como consecuencia de su proceso de maduración durante el mismo sufrimiento (lo que hoy se denomina *resiliencia*, o capacidad del ser humano para avanzar y hacerlo todo bien cuando todo parece estar en contra). Se han reinventado y son un ejemplo para otros muchos.

Reinventarte para llegar a ser quien deseas y vivir como te gustaría puede precisar, inicialmente, dar un completo giro a tu vida, quebrar la ruta habitual y abandonar lo que te impide volar. De hecho, algunas personas viajan alrededor del mundo, se embarcan en hazañas extravagantes y se entregan a causas lejanas, a ellos y a su medio, como una manifestación fehaciente de esas ansias de reconstruirse. Ese cambio convulsivo quizá sea el punto álgido de una crisis, de un «no poder más», de sentirse esclavo hasta dentro de su propia piel. La ruptura radical se convierte, en estos casos, en una terapia necesaria para empezar una vida plena, aunque suponga un desarraigo inicial y completo de lo que han sido.

Otros cambios no son tan notorios exteriormente y, en la toma de conciencia de que algo se debe poner en marcha para mejorar, uno permanece en su núcleo y aprende a percibirlo todo desde otra perspectiva. Va sintiéndose reconfortado ante pequeñas trasformaciones y sintoniza, poco a poco, con su fuerza. Así que, sin renegar de su situación y espacio, va llegando a un mejor destino, serena y plácidamente.

Sin embargo, resulta menos probable dar el salto hacia la superación por convencimiento gradual que por una sacudida vital.

Somos así. Necesitamos un «toque» para despertar, que nos llega en un momento de alarma en el que lo que esperamos de nuestra vida y aquello de lo que disponemos no confluyen, en un punto en el que vemos que no se cumplen nuestras previsiones y surge, en tal caso, la necesidad de hacer algo por nosotros. ¿Quién mejor que cada cual para solucionarlo?: «Si deseas una mano que te ayude, búscala al final de tu brazo», indica el aforismo.

Cuando experimentamos la necesidad de evolucionar (más que un cambio, realizamos un desarrollo de nosotros mismos, porque el ser esencial permanece intacto), el primer temor que debemos trabajar es el de conocernos a fondo. Inicialmente, desconfiamos de la necesidad de profundizar en nosotros para dinamizar lo que nos detiene, pero precisamente evitar ese paso es lo que nos inmoviliza, porque claro que uno tiene dentro conflictos, pero también posee toda clase de respuestas, y no hay una sola solución para cada problema, sino que cada problema tiene múltiples soluciones.

Sin embargo, muchas personas se dan por vencidas antes de resolver el más importante de los enigmas, ese encuentro consigo mismas y, tristemente, la consecuencia de ello es la sensación de estar perdidas. Cuanto más retrasemos ese encuentro con nuestra luz mayor será la impresión de abandono. Y cuando hablo de conocernos no me estoy refiriendo a darnos cuenta de nuestra consistencia en el plano material, porque en ese intento nos perderíamos nuevamente en la búsqueda de lo que no nos ayuda a avanzar. Somos conscientes de nuestras zonas más al descubierto: los gustos, las virtudes y los defectos palpables, que se aprecian a simple vista o que nos han hecho saber quienes nos rodean; en general, estamos muy al tanto de todo lo relacionado con los sentidos y lo que se encuentra en nuestras capas más superficiales de la existencia. Se habla mucho se ser uno mismo, casi ya como una frase hecha, que va perdiendo significado de tanto usarla, pero ser uno mismo es lo más grato, porque supone adentrarse en lo más bello y limpio que tenemos, para poder mostrar posteriormente la grandeza que atesoramos.

Creo que nos da miedo adentrarnos, porque, acostumbrados a pensar en negativo, solemos ver con más claridad nuestras «carencias» que nuestras virtudes, del mismo modo que nos detenemos más en aquello de lo que debemos cuidarnos que de lo que puede hacernos felices. La costumbre de mirar en negativo no sólo ha tapado la belleza universal, sino también nuestra innegable pureza individual. Mucho por evitar la exposición a lo que denominamos «riesgo», pero que debiéramos llamar «vida», y otro tanto por vivir distraídos de tantas oportunidades como se nos presentan. Cada ser humano está dotado de tantos valores que interiorizarlos, sentirlos y explotarlos debiera ser una de las primeras «obligaciones», no como una tarea que arrastrar, sino como una apertura a ese resplandor con el que ya nacimos, pero que se va apagando por descuido.

Es muy necesario perder la vergüenza ante uno mismo para reconocer y acceder a los numerosos aspectos positivos que descubrimos y valorar en qué medida nuestras sombras entorpecen el camino. Esas sombras serán precisamente las que nos permitan llegar a nuestras luces.

En tu tarea de descubrimiento, lo más probable es que lo primero con lo que te tropieces sea con una falta de amor por ti mismo. No te extrañe en absoluto ni temas reconocerlo, porque enseguida te darás cuenta de que procede del poco tiempo e interés que te concedes: unas veces te verás queriendo obtener de otros lo que no encuentras en ti y otras cediéndoles tus fuerzas. Y, tal vez, ambas cosas las hagas de manera inconsciente. En casa te puede el corazón; en el trabajo la búsqueda de reconocimiento; en otros ámbitos la necesidad de sentirte valorado e integrado. Queremos ser tenidos en cuenta por otros y por eso nos dispersamos tanto, porque buscamos en «espacios» equivocados, cuando la consideración personal sólo se halla en el concepto que tengamos de nosotros mismos. Lo que uno piensa de sí mismo es la imagen que proyecta y eso es también lo que recibe. Como te tratas, te tratarán. Si pierdes tu dignidad, faltándote al respeto (no haciéndote caso), es porque cargas con la idea de que si no acatas los mandatos ajenos, incluso a costa de llegar a ser infiel a ti mismo, dejarán de valorarte. Lástima que esa confusión no nos deje ver que lo que sucede es justo lo contrario… Con el tiempo, cuando hayas aprendido, a fuerza de caer en esta equivocación, sentirás una inmensa tranquilidad al entender que no necesitas la aprobación de nadie para ser y hacer lo que deseas y, además, resplandecerás allá por donde vayas. Cuando te amas, no hay nada que se te resista.

Muchas veces nos asombramos cuando alguien de quien esperamos pruebas de reconocimiento no demuestra alegría ante nuestros éxitos, pero estamos equivocándonos nuevamente al depositar la mirada fuera. Estableciendo un paralelismo, es muy probable que esa persona que «no nos valora» tampoco sienta amor por sí mismo, no se respete y, por tanto, no se conozca; no se haya encontrado con lo que ya es, bien porque no quiere molestarse en hacerlo, o porque ni siquiera sabe que puede profundizar en este sentido. En tal caso, estará aún incapacitado para ofrecernos su reconocimiento. Y es que lo que denominamos «envidia» no es tanto el síntoma de un disgusto por el bien ajeno, sino del descontento propio:

La envidia en los hombres muestra cuán desdichados se sienten, y su constante atención a lo que hacen o dejan de hacer los demás, muestra cuánto se aburren.

ARTHUR SCHOPENHAUER

La queja, el reproche, la falta de compasión y de comprensión, la imposibilidad de perdonar… todas estas lacras proceden también de la confusión y de la debilidad del espíritu, que está desfallecido por ausencia de atención y alimentación de amor hacia el propio Ser.

Hay otra lección fundamental para recuperar la confianza, y es que lo que nos molesta en otro puede ser lo que detestamos en nosotros; lo que nos gusta, lo que queremos potenciar, la famosa teoría de los espejos. Somos muy similares, aunque también muy particulares. Tendemos a fijarnos en lo que «está mal», porque nos quedamos en las formas: en lo que hace esta persona, en lo que dice esta otra, en lo que hago yo mismo, pero no en lo que somos ni en lo que pretendemos lograr. Pero, el encuentro con tu propia pureza te hará ver, con igual nitidez, ese fondo limpio de todos los seres humanos: los monstruos que vemos tantas veces, en realidad, son príncipes que no saben que lo son. No creo en buenos ni en malos, sino en personas sanas emocionalmente y otras frenadas por inseguridades y prejuicios, cuya energía mal canalizada, como consecuencia de su propio desconocimiento, les conduce a ser crueles, incluso (o sobre todo) con ellas mismas y, por tanto, a desperdiciar sus valores.

Aprende, pues, a convivir con la princesa o con el príncipe que hay en ti y a disponer tu propio reino. Entonces, cuando estés convencido de que puedes reescribir tu vida, a tu manera, sabrás, a ciencia cierta, cuál es tu camino, qué sentido debes tomar y la manera de hacerlo, porque no irás en busca de las ideas, sino que ellas habrán venido ya a ti. Experimentarás una enorme necesidad de ampliar tus miras sobre lo que sabes que puedes llevar a cabo, y te enfocarás decididamente a emprender tu destino con la seguridad de que, a partir de ese momento, irás adquiriendo la sabiduría necesaria para que tu propósito vital se alimente y crezca.

Cada uno puede construir su propia realidad y quien lo hace con vigor sorprende y estimula. A veces será la propia vida la que nos «grite» y nos ayude a recuperar la fe en nosotros:

> *La transformación es lo que sucede cuando*
> *el dolor de permanecer igual es mayor*
> *que el dolor de transformarse.*
>
> Maestro Rav Berg

Entiendo que, si has elegido este libro, tal vez estés atravesando un período de incertidumbre, en el que todo esto de los sueños y las ilusiones te suene lejano e irrealizable e, inconsciente o conscientemente, buscas las claves para llegar a ellos. Sea cual sea tu situación, no pasa nada.

Tranquilo. Todo está en orden. Todo es más fácil desde la comprensión de la vida. Ten paciencia, continúa leyendo cuando te sientas con ganas, respira hondo y confía en que ese estado de vacilación en el que estás ya forma parte del cambio, porque, en primer lugar, te estás preguntando el porqué de tu estado de ánimo y, por tanto, resolviendo una fase del «conflicto» y, en segundo, porque debes tener la certeza de que la duda quedará atrás cuando menos lo esperes, y que donde ahora ves ruinas podrás llegar a construir castillos.

CONOCE TUS FRENOS

Tiene valor aquel que admite que es un cobarde.

Fernandel

¿Soy yo quien freno mi expansión y mi felicidad? Ésta es una pregunta valiente y productiva.

A veces, cuando hablamos sobre un problema de salud, como una elevada tasa de colesterol, por ejemplo, junto a este dato, podemos añadir la coletilla de «es hereditario». Salvando las excepciones, suele haber en esas palabras cierta «sacudida» de nuestra parte activa en la alimentación o en el estilo de vida. Cuando creemos haber convencido a quien nos escucha, podemos llegar a autoengañarnos, considerando que nuestra mejoría no depende de nosotros, hasta el punto de dejar de cuidarnos. Esto es un autosabotaje que afecta a algo tan valioso como la salud, pero no es el único al que se somete el ser humano.

En el proceso de evolución hacia una meta concreta podemos sentirnos vulnerables; algo normal, porque estamos comenzando a salir de lo conocido y nos encaminamos hacia lo que intuimos que es apasionante, pero que nos asusta por no tenerlo aún bajo control. Entonces, nos enfrentaremos a pensamientos del tipo:

«¿Cómo voy a ser yo bueno para eso?»
«Habrá miles de personas que lo hagan mejor.»
«Así que... ¿parar qué voy a intentarlo?»

Sin embargo, tal y como le escuché a un artista que animaba a unos jóvenes a perseguir su carrera musical, cuando alguien dice que quiere ser astronauta le miran con extrañeza, pero ¡hay astronautas! ¿Por qué no podemos ser o hacer cualquiera de nosotros lo que nos propongamos?

Somos muy válidos. Normalmente, acudimos a la llamada de nuestros seres cercanos cuando nos necesitan, nos prestamos incondicionalmente a ayudar a hijos, padres, amigos y conocidos; cumplimos los encargos de nuestros jefes con gran eficacia; somos buena gente y estamos siempre ahí, para lo que haga falta. Todos nos hemos visto echando una mano a otras personas ante numerosos apuros, en situaciones en las que otros necesitan de nuestro apoyo y decisión, pero... ¿Y con nosotros? ¿Qué sucede con nosotros? ¿Por qué no atendemos a nuestras inquietudes? ¿Nos ayudamos todo lo que necesitamos? Si lo analizamos fríamente, la respuesta suele ser «no». Sin ser conscientes de ello, este alejamiento de nuestra fuente de deseos nos lleva a autolimitarnos constantemente, porque el ego, fortalecido por la excesiva atención a lo exterior, nos va cubriendo con un surtido de miedos y desconfianzas que nos van apartando del crecimiento. Si deseamos liberarnos de ellos, hemos de sentirlos y analizarlos, porque aquello de lo que huimos conlleva justo lo que necesitamos aprender. Tras el temor que nos preocupa está esperando la solución y la posibilidad de salir del remolino que nos retiene:

> *Para desterrar el mal no hay*
> *que combatirlo, sino trabajar*
> *enérgicamente en dirección al bien.*

Sabiduría oriental

Son diversas las barreras que construimos para alejarnos de nuestros objetivos; el conocimiento y la superación de estos topes son decisivos para continuar en la línea de progreso, de serenidad o de delirio creativo, que conjugará nuestra vida y nuestros intereses. Los analizados a continuación pueden ser algunos de los frenos con los que nos autoengañamos:

El victimismo nos paraliza

A veces experimentamos un sentimiento de inferioridad, generado en gran parte por la culpa y la ansiedad que arrastramos, como consecuencia de la distancia que hemos marcado durante toda la vida con nosotros mismos. Con el paso del tiempo, vamos asumiendo esas debilidades y creemos que no tenemos derecho a ser felices; todo nos asusta, hasta el punto de pensar que tras una época de bonanza tiene que venir otra de desdicha (¿Te suena esto de «algo malo me tiene que pasar, después de tanto bueno»?). Parece que nada puede sernos fácil, porque asumimos el papel de sufridores y de que todo debe de ser muy complicado. En un momento dado, aun conociendo el surrealismo de nuestros pensamientos, llegamos a creer que ese miedo al triunfo es también normal, que nosotros no somos acreedores de una vida exitosa ni alegre, sino que hay que ir atravesándola como podamos, ir «pasando el trago…».

Trabajar sobre esta idea derrotista es una de las tareas más necesarias, porque la tenemos tan arraigada que sólo los que la cultivan con determinación llegan a superarla. No es común, en la sociedad actual, derivar en un pensamiento propio e independiente, positivo y enérgico, en el que tengamos muy presente que nadie nos impide disfrutar ni nos tiraniza salvo nuestros propios pensamientos, pero, al tiempo, es posible cuando nos damos cuenta de la gran capacidad que tenemos para elegir lo que nos será favorable. Constantemente estamos eligiendo lo que nos va sucediendo:

> *Cuando debemos hacer una elección y no la hacemos, esto ya es una elección.*
>
> WILLIAM JAMES

Cuando achacamos nuestras desgracias a las acciones de otras personas, esa falta de compromiso personal es ya una elección, la de tomar la decisión de no mandar en nosotros. Tal vez es un hecho no meditado, pero es una elección, al fin. Louise Hay, la autora del *best seller Usted puede sanar su vida*, indica que, incluso, elegimos a nuestros padres antes de nacer, porque encarnan los patrones mentales que hemos de superar para seguir creciendo.

Si permanecemos pasivos ante lo que tenemos que solucionar estamos tomando la decisión de abandonarnos, y ésa es nuestra elección en ese momento. Con estas palabras no pretendo hacerte sentir culpable, sino todo lo contrario, esperanzado, porque es muy estimulante saber que tenemos tanta posibilidad de decidir. Lo contrario, sentirnos presos de lo exterior y sólo dependientes de agentes externos, sería desalentador. ¿Qué podríamos hacer? Daría igual tener iniciativa que dejarse llevar... Es muy motivador tomar nuestras riendas y comprobar que, poco a poco, como el niño que va aprendiendo a andar, todo se va poniendo en marcha y progresando.

Ten la certeza de que todo es mucho más sencillo de lo que tus pensamientos negativos te llevan a creer. Te los inventas y te torturas con ellos; la realidad es otra y mucho más atractiva. Simplemente, estás hipnotizado, ciego ante la belleza.

Nos asusta soportar solos la «carga»

Es común también que nos crucemos con otro tipo de impedimento: la aprensión a tener demasiado peso sobre nosotros. Estamos tan acostumbrados a que nos digan y nos pidan lo que debemos o no hacer que cuando estamos solos ante una decisión necesitamos tomar aliento. Pero no hay por qué estar completamente seguros de las decisiones que vamos tomando. Hay que tomarlas. Párate a pensar en el valor que demostraste cuando afrontaste ese problema de salud, económico o de otra índole, para el que no tenías tiempo de tener miedo; lo tenías ahí, había que echarle valor y lo resolviste. Nadie más que tú y tu fuerza interior lo hizo, tú fuiste quien te encomendaste, o no, a lo divino, quien te mentalizaste de que debías tirar para adelante y quien lo lograste.

Esa decisión enérgica para la que no dudamos cuando se trata de un duro golpe que nos asola, es exactamente aplicable al logro de algo que nos hace plena ilusión. Nos parece más lógico resolver lo doloroso, porque nos impulsan las ansias de cortar el sufrimiento, pero no hay un razonamiento distinto ni secretos de otro cariz para superar retos que nos permitan disfrutar. Entonces usaste toda tu fuerza, por una sola razón, porque la poseías. Ahora también dispones de ella para aplicarla en tu felicidad.

Queremos ser perfectos

Deseamos dirigir nuestra idea, vocación o destino, y vamos asumiendo que podemos hacerlo, pero ese mismo fervor, que procede de haber experimentado la lucidez, nos impulsa a querer atar todos los cabos para no echarlo a perder. Desconfiamos de la corriente de vida y tratamos de hacer la parte que nos corresponde con tanta rigidez que no permitimos que fluyan naturalmente los acontecimientos. Sostenemos las riendas con miedo, tan severamente que no avanzamos.

Debemos hacer justo lo contrario, dejar que las cosas sean como son, mientras aportamos nuestro trabajo tranquilamente, pero sin excesiva vigilancia sobre los diferentes pasos que vamos dando en el día a día, porque toda necesidad ansiosa de que algo se manifieste nos aparta del acto mismo de creación:

> *Hay un proverbio oriental que dice: «Cuando el arquero dispara gratuitamente, tiene con él toda su habilidad. Cuando dispara esperando ganar una hebilla de bronce, ya está algo nervioso. Cuando dispara para ganar una medalla de oro, se vuelve loco pensando en el premio y pierde la mitad de su habilidad, pues ya no ve un blanco, sino dos. Su habilidad no ha cambiado pero el premio lo divide, pues el deseo de ganar le quita la alegría y el disfrute de disparar. Quedan apegadas allí, en su habilidad, las energías que necesitaría libres para disparar. El deseo del triunfo y el resultado para conseguir el premio se han convertido en enemigos que le roban la visión, la armonía y el goce».*
>
> ANTHONY DE MELLO

Realmente, si algo nos mantiene en el momento y nos hace gozar es precisamente el disfrute de llevar a cabo lo que nos complace por el placer de realizarlo. La búsqueda desesperada e inflexible de un fin implica, en la mayoría de los casos, una línea de sabotaje que puede estar relacionada con la espera de reconocimiento y, por tanto, alejada de nosotros mismos. Y en la medida en la que nos alejamos de nosotros, lo hacemos también de nuestra meta.

El perfeccionismo obsesivo desaparece cuando nos damos cuenta de que los errores son también parte de nuestro avance y que, a través de ellos, hemos ido descubriendo distintas formas de conseguir nuestros fines. Nos equivocamos cuando asumimos riesgos, y ese coraje nos regala el éxito, aunque no lo podamos percibir inmediatamente. Logramos perfeccionar desde la imperfección. Así que, no te preocupes si retrocedes, porque el camino hacia adelante te espera y nunca acaba.

Nos medimos con otros

- Si es día de fiesta y estoy solo en casa, pienso en lo que están disfrutando quienes están divirtiéndose fuera, y me siento desdichado.
- Sin embargo, si es un día laborable y puedo quedarme en casa, acostumbrado al ajetreo del trabajo fuera, saboreo esa oportunidad, me relajo y disfruto de ello.

¿Cuál es la diferencia entre ambas circunstancias?, que en el primer caso me estoy comparando con otros y en el segundo, disfrutando de lo que tengo. La comparación sirve cuando nos lleva a crecer, pero no cuando nos hace anhelar lo que vemos en otros, en lugar de apreciar lo que poseemos. Cuando sufrimos por sentir que estamos en situación de inferioridad con respecto a otros, nos engañamos; salimos de la verdad unificadora que nos muestra que todos somos iguales y entramos en un terreno de inseguridades que pueden declinar en injusticias. Por ejemplo, una persona acomplejada, con sentimiento de inferioridad, sufre mucho con la comparación y, a través de ese sentimiento de «desventaja», puede volcar sus frustraciones en quien no se lo merece.

Cuanto más te centres en lo que pretendes y menos en lo que otros han logrado mayor será la estima que sientas por ti, y enseguida entenderás que esa es la actitud adoptada por aquéllos con quienes te comparas y a los que admiras. Poco a poco, tu trabajo interior te irá devolviendo el fruto de la autonomía, y ya no tendrás necesidad de asemejarte con nadie, porque comprenderás que en esta vida hay para todos y que, por consiguiente, todos podemos gozar de sus favores. Entonces, tan sólo irás midiéndote con tus propios avances.

Tememos o recelamos de nuestros iguales

Comprendemos que, con nuestra entrega y esfuerzo, podremos conseguir lo que queramos. Sabemos que somos únicos y que necesitamos continuar en esa línea de autoafirmación. No obstante, nos inquieta atender sólo a nuestras solicitudes por temor a ser rechazados, juzgados o paralizados desde fuera. Otro error, porque, como dijo Pablo Neruda: «Podrán cortar todas las flores, pero no podrán detener la primavera». Y, en todo caso, cuando alguien te haga sentir mal por lo que dices o lo que haces; cuando se aprecie en sus mensajes que no acepta tu modo de pensar o actuar; cuando ponga en ridículo tus palabras, no admita tu cambio, tus decisiones, si quieres estar aquí o allá, vivir así o de esta manera, sea de forma directa o mediante mensajes velados… simplemente, no lo permitas. Esa persona no está viviendo su propia vida aún, y por eso trata de entrometerse en la tuya. Entiéndele, sólo actúa así porque manifiesta sus miedos mediante la manipulación, aunque tal vez ni siquiera sepa por qué lo hace. Lo más probable es que te sitúe en otro nivel de percepción más elevado, quizá desde la admiración mezclada con el recelo, y pretende que «desciendas» al suyo. Tienes todo el derecho de impedir ese manejo, mostrándote firme en tu forma de actuar, y haciendo caso omiso a quien no te acepta. Estarás reafirmándote, así, en lo que eres y deseas y, de esta manera, nunca te verás en la necesidad de manejar a nadie.

Nadie te puede dañar mientras conserves tu dignidad, ya que con la autoestima fortalecida, el sentimiento de que alguien te ataca se diluye hasta desaparecer. Mediante la autorrealización llegas a la aceptación de ti y de todos. Sucede, brota como una consecuencia.

Hay personas firmes en sus convicciones que saben muy bien cuál es su vocación y se oponen a directrices familiares, sociales o culturales, llegando a ser lo que desean sin importarles o imaginarse si alguien entorpecería su camino: médicos cuyas familias desearían que hubieran sido abogados, payasos que deberían haber sido médicos, ebanistas para los que se había planeado una ingeniería, etc. Seres humanos que conocen muy bien lo que son capaces de desempeñar y que persiguen una línea que saben que les va a satisfacer, que jamás les llevará al tedio. A ellos no se les considera genios, pero, en realidad, han enfocado con genialidad su vida; son artífices de su felicidad. Les encanta su trabajo, disfrutan con él, ¿qué mas se puede pedir, cuando en la sociedad en la que vivimos le dedicamos tantas horas a lo que nos aporta los medios para subsistir? Tú puedes llegar a ser uno de ellos, cuando dejes de temer lo que otros piensen o esperen de ti, porque seguro que entonces llegarás a saber lo que quieres y, finalmente, te centrarás en llevar a cabo tu ideal de vida.

En el terreno laboral, por ejemplo, no puedes pretender que todas esas personas que te has encontrado «accidentalmente» sean como quisieras, ni resistirte a lo que tienes ante ti, pero si no tienes la intención de cambiar de actividad, siempre puedes valorar aspectos positivos de tu situación; pasarlo lo mejor posible, aun en el cometido de un pedazo de tu vida que se te hace «obligatorio» o, a veces, cuesta arriba, y en numerosas ocasiones propiciado por las relaciones personales. Sin embargo, cambiando tu actitud, puedes descubrir muchas ventajas:

— Seguro que muchas de las labores que emprendes en el trabajo te evaden de tus preocupaciones, de tu parloteo mental y, en el fondo, te liberan.
— Conoces a muchas personas, entablas relaciones que, de otro modo, sería difícil consolidar.
— Tienes posibilidad de aprender permanentemente; no es necesario que el aprendizaje sea impuesto desde fuera. Eres capaz de absorber datos relevantes para ti en muchas circunstancias.
— Tienes momentos de serenidad, que valoras entre otros de estrés.
— Puedes tener iniciativas que unas veces serán bien acogidas y otras no; en alguna ocasión te atribuirán el mérito y en otras no, pero, en cualquier caso, nadie puede arrebatarte la satisfacción del trabajo bien hecho y la singularidad que hayas puesto en él.

¿Te das cuenta? Todos estos momentos estimulantes te los proporcionas tú. Nadie más. Nadie te está imposibilitando estar bien. Aun así, el trabajo es muy importante, pero no lo es todo. Si no te sientes completamente realizado en él, siempre puedes emprender otras actividades de ocio o de otra índole, que potencien tu imaginación y la aplicación de tus capacidades.

La resolución de nuestros dones resulta del proceso de aprendizaje y puesta en práctica de aquello que nos llena, que nos hace sentir distintos y, a la vez, parte del todo, y ante lo que nada ni nadie será una barrera. La tiranía a que, en ocasiones, creemos que «nos someten» otras personas, tiene lugar sólo si le damos consentimiento. En una ocasión, el humorista Millán (de Martes y Trece) dijo esta frase, de la que tomé nota por lo ingeniosa y veraz que me pareció:

«Las personas con poca luz tienen muy mala sombra.»

De acuerdo, es una forma muy gráfica y original de reflejar la realidad, aunque matizaría: «están en la sombra». Se encuentran en una situación de oscuridad, pero dentro de sí poseen claridad, aunque no lo hayan descubierto. Todos la tenemos.

Aun teniendo en cuenta que a veces nos encontraremos con seres humanos que vibran en niveles energéticos muy diferentes a los nuestros, con los que nos resulta difícil conectar, cuando dejamos de «regalarnos», de considerarnos manejables y estamos concienciados de nuestro derecho a ser respetados, haremos doblemente el bien: en primer lugar a nosotros, porque nos encaminaremos adecuadamente, sin el peso del victimismo y, en segundo, a ellos, porque contribuiremos a la sanación de unos adultos que fueron y siguen siendo «niños» consentidos. Quizá nadie nunca les hizo ver que tratar como objetos a las personas estaba mal. Tal vez no se dieron las circunstancias para que tuvieran la lucidez necesaria para comprender que no era correcto lo que hacían. Pero ahora, desde tu fuerza y dignidad, tienes la oportunidad de evitar que te obstaculicen. Serás su aprendiz, y también su maestro, porque cada una de las personas con las que nos cruzamos está en un lugar y un tiempo determinados para contribuir al avance de la humanidad. Desde la individualidad, nos puede resultar costoso asimilarlo, pero ensanchando los límites o divisando las cosas desde arriba, nos será muy fácil descifrar su significado.

Si, en algún momento, se hace insostenible la presión exterior a la que te sientes sometido ante tu diferente forma de afrontar la vida con respecto a otras personas, aún te queda la más eficaz de las «estrategias»: practica el perdón y aléjate. En tal caso, es preciso aplicar la asertividad; es decir, actuar de forma coherente con tus aspiraciones, y, al tiempo, la empatía, poniéndote en el lugar de quien no encaja contigo, asimilando que resulta difícil el entendimiento, porque las experiencias vitales de ambos os han llevado a concebir el mundo de una manera muy distinta. Así, te resultará más fácil perdonar a quien antes te atormentaba, pero, al tiempo, tendrás la capacidad de alejarte de él o de ella, sin temor, hasta el momento en el que esa relación pueda restablecerse, si llega a darse el caso.

Lo fundamental para sentirnos dueños de nosotros es olvidar el daño que consideramos nos hacen otras personas, porque, aunque sólo sea por higiene mental, soltamos un resentimiento que nos encadena a quien menos deseamos estar amarrados. Se perdona y, después, se deja ir. A continuación, se sigue la estela de los propios deseos, siempre desde la honestidad. Desde esta perspectiva, cada vez será más común encontrarnos con relaciones satisfactorias, con personas que contribuyan favorablemente a nuestros propósitos, porque habremos eliminado el sentimiento de frustración que produce esperar lo imposible, y porque, al comprender, tendremos mayor capacidad para amar y recibir.

Sigue tu camino y practica el «Vive y deja vivir». Recuerda también el profundo mensaje de esta frase de la película *El guerrero pacífico:*

«Las personas más difíciles de amar son las que más lo necesitan.»

Necesitan amor, pero reaccionamos ante su conflictividad o huimos de ellas, porque no entendemos ese lenguaje. Quien te hace sufrir (o dejas que te haga sufrir), el que tiene cara de pocos amigos (o le ves esa cara), quien te pone zancadillas (o dejas que te las ponga), aquel que saca a flote tus «defectos» (o permites que lo haga), quien intenta aislarte (o dejas que te aísle), quien se aprovecha de tu generosidad (o consientes que lo haga), quien te falta el respeto (o permites que te lo falte), quien proyecta en ti sus problemas (o te pones como su «blanco»)... ese ser que te parece frío y duro es débil; sólo está pidiendo amor. Lo pide porque no lo siente dentro de sí.

En definitiva, todos experimentamos miedos, todos nos ponemos barreras para evitar o retrasar nuestro propio trabajo personal, pero todos poseemos también valores ocultos bajo esos miedos, que podemos destapar sólo con nuestra voluntad.

¿Quién es, pues, valiente?

- Quien reconoce con humildad (y no orgullo, como suele creerse) la fuente de energía que posee de sí, que es válido, y que puede desempeñar lo que pretende.
- Quien es capaz de pedir ayuda cuando la necesita y la recibe dignamente.
- Aquel que afronta lo que viene y quien comprende que todo pasará, y que nada es demasiado malo ni demasiado bueno. Todo es útil para avanzar.

TIENES PODER CREATIVO

«Existen tres tipos de personas:
1. Las que miran las cosas que pasan.
2. Las que se preguntan por qué pasó.
3. Las que hacen que las cosas pasen.»

NICHOLAS M. BUTTER

En un reportaje, el premio nobel de economía, Paul Krugman, proponía, como solución a una situación socioeconómica desfavorable, la urgencia de contar con líderes innovadores, creativos y capaces de inventar nuevos esquemas. Eso mismo –pensé mientras le escuchaba– es lo que debe hacer, individualmente, quien precise la renovación de su vida: reclamar a su líder interior nuevas fórmulas para administrarla. Claro está que todo lleva su tiempo. Cuando se derriba un edificio hay un período de escombros y ruinas hasta que se construye de nuevo.

Normalmente, la innovación procede de la frustración o el desencanto de lo conocido. Se resurge de una crisis personal, desde una situación no deseada, que, por otra parte, se convierte en tabla de salvación. La insatisfacción es realmente la que logra despertar el ingenio y nos impulsa para salir del hastío, así que le debemos cierto agradecimiento.

La creación de un nuevo tipo de vida o el despertar de un don innato adormecido, pero obviado, requiere de la voluntad de recrearse. El cofre de las infinitas posibilidades que tenemos está dentro de nosotros y es asombroso todo lo que puede esconderse bajo la capa superficial de una persona; puliéndola ligeramente encontramos valores extraordinarios, cualidades personales o profesionales sobresalientes. No deja de sorprenderme todo lo que se puede aprender de cualquier persona cuando se la mira por el tesoro que guarda y no cuando se la juzga por aquello de lo que creemos carece. Sin embargo, cuando le insinúas a alguien que debiera cultivar sus evidentes habilidades, en muchas ocasiones, parece querer esquivar esa apreciación, como si el hecho de hacerle saber que encierra una potencia que espera a ser utilizada le asustara ¿Tal vez porque le compromete a hacer algo con ella? Ese miedo a descubrirse y a trabajarse conduce a ofrecer respuestas de este tipo:

- ¡Qué va, que va, si yo no valgo para nada!
- Quien tenía capacidad para eso era mi padre. Yo no le llego ni a la suela del zapato.
- Pues es raro, porque nunca me lo habían dicho antes.
- Estás equivocada; esto lo sabe hacer cualquiera.

Quien valora y expresa el talento de otras personas sinceramente no espera nada a cambio, simplemente constatar su capacidad y animarlas a que lo cultiven: «Existe algo mucho más escaso, fino y raro que el talento. Es el talento de reconocer a los talentosos». (Elbert Hubbard). Sin embargo, es necesario que quien posea ese talento tenga confianza en él para aceptarlo, en primer lugar, y para desarrollarlo, en segundo. En resumen, las respuestas ante el reconocimiento expreso de unas capacidades son muy sintomáticas del nivel de autoestima de quien lo «recibe» casi como una ofensa (miedo a saber que es más de lo que cree ser) (1) o lo RECIBE con gratitud (2):

1. «¡Anda, anda! No me vengas con pamplinas»: denota bajo nivel de autoestima y poca capacidad para agradecer y, por tanto, obtener.
2. «Gracias»: revela autoconfianza y, por tanto, disposición para agradecer los regalos de la vida, en forma de elogio o de otra índole y de seguir recibiéndolos.

Quien da la primera respuesta precisa un profundo trabajo de recreación de sí mismo; sin embargo, el que ha expresado gratitud ya lo ha hecho, o no ha necesitado remodelarse porque su «edificación» ya era sólida.

Hace tiempo, leí un ejemplo muy significativo relacionado con esto que acabo de exponer. Venía a decir algo así como que si a Plácido Domingo le dijeran «¡Qué bien cantas!», en ningún momento respondería: «¡Venga ya!», sino «Gracias», porque está seguro de que así es y, por tanto, aunque no necesita que se lo hagan saber, si alguien lo hace, lo acepta y lo agradece. Reconoce su propio valor y acepta que se lo reconozcan.

Creemos que no estamos suficientemente preparados porque lo hemos asumido de manera errónea (siempre esperando a que alguien nos lo confirmara), pero las posibilidades de percibir nuestra valía están únicamente en nuestro propio enfoque.

La cantante Concha Buika dice en la presentación de su página web: «Artista no es el que canta o pinta, sino que el hace de su vida un arte». Así lo siento también; los miedos o prejuicios no deben paralizar tu obra de arte personal. No importa el alcance de tu meta, que es, al mismo tiempo, tu recorrido. Eso es lo de menos. Puede ser de una magnitud tremenda, o manifestarse a través de una «pequeña» expectativa, suficiente para dar resplandor a tu vida. No todas las personas encuentran su armonía realizando actos que trasciendan, pero sí precisan de creatividad, de experimentar el gozo de encontrarse con un nuevo día y no desear que anochezca por todo lo que aún les queda por realizar. La rutina aniquila; la innovación estimula y vivifica.

Es una realidad que todos tenemos talento, pero no todos desarrollamos el don de reconocerlo y, aún menos, de explotarlo para disfrutarlo y contribuir, con ello, al embellecimiento del cosmos. Unos poseen una fuerza impulsora innata, desbordada y manifiesta, que se presenta de una manera tan natural como la salida y la puesta del sol; otros han de trabajárselo con más ahínco, por ser menos palpable, por estar más oculto, aunque no menos preciado. Puede darse el caso de que conozcamos certeramente cuál es nuestra capacidad, o que sepamos con total evidencia el tipo de vida que deseamos llevar, pero, cuando pensamos en ponerlo en práctica nos produce cierto malestar (paradójicamente, nos incomoda), como consecuencia de la resistencia al cambio, del vértigo a lo que no controlamos, a los miedos que hemos analizado anteriormente. Retenemos nuestra magia, nos la guardamos para una mejor ocasión, que, desde esa perspectiva, nunca llega. Vivimos con miedo a mostrarnos tal cual somos y todo lo que podemos ofrecer, sin darnos cuenta de que precisamente cuando reunimos el coraje de diferenciarnos se abre ante nosotros la puerta del progreso.

Nos dejamos conducir, pues, por la inercia, dejando escapar el torrente de creatividad y decisión que nos inunda, salvo esas excepciones que requieren nuestra atención (problemas graves, enfermedades que nos obligan a tomar medidas trascendentales, búsqueda de trabajo, de pareja…). Alcanzado el nivel de comodidad que creemos ideal, nos detenemos. Transcurren luego entre rutinas muchos días, meses y años, prácticamente sin alicientes destacables y perdiendo el estímulo de hacer algo que nos apasione. Quizá haya otras temporadas en las que nos encontramos realmente mal, pero no sabemos a qué se puede deber: «No sé lo que me pasa; estoy medio deprimido», decimos, y uno de los motivos de este desánimo puede ser, precisamente, que siempre hemos evitado saber lo que «nos pasaba», tan preocupados como estábamos en saber qué les pasaba a otras personas.

Puede que no tengamos un esquema muy definido o una idea clara de lo que deseamos desarrollar en concreto, pero sí es posible que, de tarde en tarde, resuene en nosotros la llamada del cambio. Esto se manifiesta muy claramente, por ejemplo, los primeros días de cada año, en los que deseamos un aire de renovación o, al menos, de arrepentimiento por lo que hemos dejado pasar: al régimen de adelgazamiento o a la intención de dejar de fumar pueden seguirle la compra de un coleccionable, la inscripción en un gimnasio y la promesa de terminar la lectura de aquel libro que dejamos abandonado… Todos estos propósitos representan, en cierto modo, un espíritu de transformación, ese fulgor que todos llevamos dentro y que, aunque sea de manera esporádica, desea alimentarse y florecer. En momentos de mayor brío podemos animarnos a una revolución más evidente, emprendiendo un proyecto con un germen de cambio en sí mismo, y de ese «riesgo» puede partir la paz que siempre quisimos tener.

En cualquier caso, no hay que buscar desesperadamente nuestro propósito, sino hallarlo como consecuencia de permitir que surja. Es decir, que lo que estamos llamados a ser, sea, sin impedir que se manifieste, que, sin embargo, suele ser en lo que más nos empeñamos. Tampoco hay que hacer cosas extravagantes para vivir situaciones creativas, sino limpiar el prisma para verlo todo claro y distinto, sabiendo que disponemos de una fuente infinita de recursos. Nos espera una estimulante aventura creativa cada día; podemos resistirnos a ella o darle curso.

Si, finalmente, rompemos esquemas y nos orientamos hacia un objetivo, con determinación, hemos de ser consecuentes con nuestras posibilidades; estar convencidos de que tenemos la disposición y la capacidad para efectuarlo, porque, inicialmente, ya podemos vernos en ello con entusiasmo. Tan frustrado estará quien quiera y tenga aptitudes para dedicarse, por ejemplo, a la pintura y no encuentre el método o los medios para hacerlo, como quien esté embarcado en ello, pero no posea ni la habilidad ni el duende que se requiere. De igual modo, tan fracasado se sentirá quien viva en estado de estrés, porque las condiciones externas así se lo demanden, y su naturaleza le exija estar en permanente contemplación, como quien lleve una existencia sin sobresaltos, si lo que le gusta es la aventura.

Si quieres dedicarte a una profesión que te apasiona, pero que se sale de los cánones de lo «normal»; si estás interesado en potenciar tu capacidad para pintar, cantar, escribir o bailar, entregarte a un deporte, o simplemente realizar, ya sea como medio de vida o como afición, cualquier actividad para la que estés preparado... en cualquiera de estos supuestos y muchos más, es recomendable que diseñes, primeramente, una imagen mental de lo que puede llegar a ser (más adelante se hará referencia a la visualización creativa), porque lo que imaginas es lo que consigues; nuestra vida es lo que creemos que es. Por tanto, mantén tu atención serena en tus objetivos, sin ansiedad. Trata de recordar esas épocas fatalistas en las que pensabas que todo te salía mal, y así era. O ponte en situación de revivir esos períodos de euforia y optimismo en los que eras capaz de resolver y relativizar cualquier obstáculo que se te ponía por delante, y así lo hacías. Recuerda que en ti está tu triunfo o tu fracaso. Tu forma de ser y actuar es lo que te hará conseguir o malograr tus fines y, como indica brillantemente el filósofo Rafael Alvira, en su artículo «La Búsqueda de la Verdad del Hombre», haz lo posible por ocupar el lugar que te corresponde, porque esa es una de las formas más efectivas de asegurar tu felicidad:

> «Ocupar el propio sitio significa tener dignidad. Muchas veces se dice: "esa persona es indigna de ocupar tal cargo". Se puede expresar lo mismo al indicar: "ese no es su sitio". Es digno quien está en el sitio adecuado a sus capacidades. Y eso no es nada accidental, sino que tiene una importancia decisiva.
> Ocupar el sitio justo no tiene relevancia sólo para la persona que lo encuentra, sino también para los que están a su alrededor. Las personas que no están en su sitio o están vacías, o son vanidosas, o tienen un malhumor permanente, y todas se inclinan a una queja continua.
> ¿Quién se queja?: el que está fuera del lugar, real o imaginativamente.»

Si no ocupamos nuestro lugar en el mundo experimentamos sensación de fracaso y, en lugar de recrearnos, nos estancamos, porque:

- Queremos ser lo que no somos (más ricos, más bellos...), normalmente porque nos comparamos con otros.
- Anhelamos lo que hemos perdido (juventud, personas que han pasado por nuestra vida, situaciones concretas que nos traen buenos recuerdos...).
- Nos reprochamos lo que no hemos hecho o nos quejamos por lo que dejaron de hacernos.
- Nos instalamos en la frustración, sin actuar.

Y a todo eso nos lleva el pensamiento improductivo, que nos conduce al abismo, en lugar de ser guiado por nosotros. Pero esto se soluciona con una sola palabra: gratitud, asociada a la estancia en el momento que estamos viviendo, y que encierra tanta belleza escondida tras el deseo de lo imposible. Y la gratitud nos lleva a la aceptación de quienes somos y de tantas cualidades como tenemos, veladas tras la búsqueda inútil de quienes no somos. Con la aceptación desaparece la culpa hacia nosotros y el reproche hacia otros.

Quédate aquí, en este mismo instante, en el que la lectura de estas palabras pueden darte un poco de luz. No pienses en nada. Sólo Sé y permanece quieto, por dentro y por fuera. No te agites más sin motivo. Esto es ya comenzar a actuar desde una conciencia creativa.

Cuando tu pensamiento sea provechoso haz que sea también original, diferente. Diseña una parcela en la que te construyas a ti mismo, distinta a la que te has encontrado. Sé actor y no sólo espectador. De lo contrario, repetirás los mismos errores neuróticamente y la rueda del automatismo te devolverá al lugar inicial. Comienza por estar atento a lo que puedes aportar. Si lo que consideras que te diferencia pudiera parecer extravagante recuerda que sólo los atrevidos abren brecha. Temer a la sociedad, a la familia o a las distintas jerarquías que sientes sobre ti, pero que realmente no son tu peso, supone perder tu particularidad, tu naturaleza específica, disipar tu frescura en favor de una idea externa, indefinida. Sobre ti sólo hay una posibilidad: elevarte.

Nos reinventamos cada vez que llenamos de Vida nuestra vida, desde la libertad, la naturalidad y la originalidad. En una ocasión, asistí a un evento deportivo en el que el animador nos instaba a participar haciendo la «ola», y nosotros respondíamos, encantados, porque, en general, creo que todos tenemos muchas ganas de diversión. Así que… si nos pedía tres olas, revoltosos… no parábamos hasta llegar a ocho. Durante esta movilización, me llamó la atención algo: estaba el recinto prácticamente lleno, salvo un tramo en el que había sólo dos personas. En una de esas «olas» me detuve a comprobar si esa pareja que no estaba mezclada con la masa hacía también esos aspavientos, y sucedió lo que me temía… no se inmutaban. Reparé entonces en que, paradójicamente, la masa estaba actuando de forma más libre y, a la vez, más dirigida, pero, en este caso, para salir de la «normalidad». Nos sentíamos niños, y lo hacíamos en comunión con personas de todas las edades. La pareja había permanecido inmóvil, porque no podía confundirse con el gentío. El sentido del ridículo… supongo que tendría la culpa, el miedo a sentirse observados.

Actuamos así por no destacar y, sin embargo, admiramos a quien hace cosas diferentes; llegamos, incluso, a idolatrar a personas que han triunfado en cualquier campo, no sólo porque necesitamos distraernos de las preocupaciones diarias, sino también porque los que se atreven a distinguirse nos recuerdan que la vida es divertida y excitante. Ellos manifiestan, en cierto modo, nuestro propio arte sin expresar. Es decir, sentimos admiración por ellos, precisamente porque son la muestra de lo que quisiéramos llegar a hacer o a ser. Sin embargo, nos resulta más cómodo ver cómo hacen que hacer, tal vez porque no requiere esfuerzo.

Pero no todo el mundo que «ha llegado» nos cautiva con la misma intensidad. Los verdaderos triunfadores nos seducen por su luz. Sin su iluminación nada se nos mostraría con esa fuerza. La «creatividad» sin luz no es tal, sino mera actividad, porque los artistas que llegan a nuestra sensibilidad son los que han encontrado su tesoro más valioso, su claridad interna, y esa autenticidad es la que nos deslumbra. Nos hipnotizan cuando les escuchamos en una simple entrevista, porque iluminan los espacios en los que se encuentran, estén o no expresando el arte por el que destacan. Y eso mismo nos sucede en la vida cotidiana, con la gente «corriente». Hay personas con una personalidad magnética de las que nos cuesta apartarnos; nos imantan con su sola presencia.

Sin desdeñar ese tipo de actividades lúdicas a las que he aludido, que, además, nos permiten estar en contacto con otros seres humanos y mostrar nuestro lado más espontáneo, lo verdaderamente gratificante es innovar desde uno mismo. Por el contrario, si retienes la fuerza de que dispones, si la estrangulas, si no la das curso… generarás una tensión interna, que, con el tiempo, te pasará cargo en forma de ansiedad, desinterés por todo e, incluso, falta de salud física o mental. A la larga, somatizamos en el cuerpo todo lo que, desde la mente, detenemos. Hay que dar salida a nuestro copioso caudal de vitalidad. Y, para ello, hemos de estar concienciados de que es posible pensar y actuar de modo distinto a como lo hemos hecho siempre. Hoy día, la ciencia confirma la plasticidad del cerebro, o el grado de variación funcional, que permite que los individuos se adapten a las distintas circunstancias, ya sea desde el ámbito del conocimiento, de las emociones o de las relaciones:

A menudo utilizamos la expresión «cambiar de mentalidad». Hasta hace poco la ciencia no había encontrado argumentos que apoyaran que este cambio era una posibilidad literalmente factible. Tan sólo en los últimos treinta años, las investigaciones han dado pruebas suficientes de que el cerebro adulto continúa creciendo y cambiando, creando nuevas conexiones sinápticas y eliminando otras. Ahora ya sabemos que esta capacidad para crear nuevas conexiones se la debemos a la plasticidad cerebral. En los últimos cinco años, las investigaciones en este campo de estudio se han incrementado de manera explosiva. No hemos hecho más que empezar a conocer la capacidad que tiene el cerebro para cambiar tanto funcional como estructuralmente. Ahora sabemos que somos capaces de cambiar no sólo nuestra mentalidad, sino también el cerebro. Y podemos hacerlo a lo largo de toda nuestra vida, siempre que queramos.

JOE DISPENZA, EN SU LIBRO *DESARROLLA TU CEREBRO*

Es decir, que cambiando tu forma de pensar puedes hacer que cambie también la realidad en la que te mueves, por lo que debes aprovechar las circunstancias vividas, tanto buenas como «malas» y, después, actuar en consecuencia y siempre con esperanza. Si tienes dificultades para entusiasmarte, busca las motivaciones precisas (ayuda personal, entretenimientos, momentos de disfrute que te hagan acostumbrarte a experimentar alegría y no desánimo). No te fijes tanto en tus acciones, sino en la manera en que las enfocas. Nunca le temas al cambio, porque, si fluyes con él, lo que te vaya sucediendo siempre es lo que te convendrá, aunque no seas capaz de comprender a primera vista que es así.

Quienes han contribuido al progreso siempre se han sentido inicialmente insatisfechos con lo que tenían y han buscado y hallado respuestas desde la creatividad, desde la cuestión de lo conocido:

> *La creatividad requiere tener el valor de desprenderse de las certezas.*
>
> Erich Fromm

Explotando tu poder creativo, lo que, en principio, te podía parecer costoso, de tan arraigada como tenías la creencia de que «tú no eras capaz», te será devuelto de una manera tan gratificante que olvidarás por completo el trabajo de renovación que has hecho en ti. Al contrario, tendrás muchos brotes de alegría al observar tu evolución, tras haber recuperado la ilusión de vivir, que ya estaba en ti; sólo debías reactivarla.

SIEMPRE ESTÁS A TIEMPO

> *Los cuarenta son la edad madura de la juventud; los cincuenta la juventud de la edad madura.*
>
> Víctor Hugo

«Ya es demasiado tarde» es la excusa que ponemos cuando, a pesar de haber vivido tanto, aún no hemos aprendido que nunca lo es. La última etapa de nuestra vida es ideal para poner en práctica esas aficiones que no nos permitieron llevar a cabo las obligaciones cotidianas, las prisas, los hijos y los compromisos profesionales de nuestra vida «activa». Ahora podemos dedicarnos, plácidamente, a pintar, escribir un libro, hacer manualidades, impartir conferencias por el placer de trasmitir y compartir experiencias, elaborar una guía de viajes, aprender a tocar un instrumento, bailar, participar activamente en organizaciones humanitarias, cantar en una coral, pasear o sentir en toda su plenitud la belleza de la vida que, precisamente porque se acorta, merece ser aprovechada. A esas alturas ya debemos estar más que convencidos de que el mayor de los éxitos es recrearse con el encanto de las cosas buenas.

Lo que hemos deseado durante años –ser dueños de nuestro tiempo– lo tenemos a nuestra disposición. Podemos poner en marcha valiosas ideas, que, de otro modo, podrían quedar paralizadas por creer que no estamos a tiempo, pero ¿a tiempo de qué? Al presente no se llega, se está en él, se es y se actúa. Podemos enfocar la mirada al horizonte, sin prisas, y quedar cautivados por la divinidad de un paisaje, por el contraste de las hojas verdes de los árboles con el azul del cielo, por el canto de un pájaro o por el «sonido» del silencio, sin prisas, maravillándonos de la sacralidad de cualquier cosa.

Etimológicamente, la palabra «jubilación» proviene del latín *iubilatĭo, -ōnis (DRAE)*, y la voz latina *iubilatio* significaba «canto alegre» y también «júbilo, gozo». Sin embargo, hay quien piensa que, acabada su vida profesional, le queda sólo la tristeza, al verse apartado y frustrado por haber terminado el tiempo para ofrecer lo mejor de sí, pero...

— ¿No crees que nadie te aparta si tú no quieres?
— ¿No consideras que posees dentro de ti mucho más que el simple papel profesional e, incluso, familiar, que hayas desempeñado por circunstancias, a veces, impuestas desde fuera?

- ¿Te has fijado en la cantidad de personas alejadas de la misma vida, aún cuando estén en edad activa?
- ¿Depende de los demás lo que tú puedas hacer para experimentar tantas emociones, sensaciones y sentimientos bellos? Rotundamente, no.

El brillo no tiene edad, y sólo se apaga cuando damos fuerza a nuestros propios pensamientos temerosos, a los mismos que nos acompañaron cuando, de jóvenes, no veíamos el momento de dirigirnos a lo que nos satisfacía.

No hay que renunciar a nada por la edad, porque, una vez que sabemos quiénes somos y aquello para lo que valemos, poco importan los años, la condición, el sexo o la profesión. Cuenta que hemos madurado, emocional, ética y psicológicamente, y que estamos preparados para llevar a efecto cualquier sueño.

Me fascinan las personas mayores que, por ejemplo, se convierten en expertos en determinadas materias en esa única etapa de su vida; todos aquellos seres humanos sencillos y anónimos que trasmiten, en su movimiento, la sensación de plenitud que procede de haber bebido de la sabiduría y aplicarla en su día a día. Compruebo que la edad es lo de menos, porque es cierto que la experiencia es un grado, pero no es suficiente, porque puedes haber llegado al final de tu vida sin haber entendido su significado, repitiendo los mismos errores que has aprendido de otros que también se pudieron equivocar o, por el contrario, has extraído la enseñanza de ellos para repararlos y tratar de ser feliz el tiempo que permanezcas aquí. Tal vez, podemos llegar a sentir cierto coraje si nos hemos dado cuenta de cómo hemos malgastado años sin llegar a realizarnos, pero, precisamente por ello, sería poco inteligente que desaprovecháramos la oportunidad de saborear lo que nos resta por experimentar.

La vida es un instante que se renueva permanentemente. Poseemos el mismo tiempo tengamos veinte años, setenta o más. Además, una persona cronológicamente «mayor» puede tener una condición orgánica y psicológica muy joven. Todos conocemos a alguien por quien no pasan los años, sobre todo cuando perdura su deseo de aprender:

La juventud de un ser no se mide por los años que tiene, sino por la curiosidad que almacena.

SALVADOR PÁNIKER

Eduardo Punset afirma que, según las investigaciones neurológicas más recientes, «el cerebro, al envejecer, rentabiliza mejor las estructuras cognitivas acumuladas en el hemisferio izquierdo a lo largo de una vida cada vez más prolongada. Claro que la capacidad innovadora –indica– disminuye con el envejecimiento cerebral pero, según los últimos datos, esta merma queda más que compensada con la mejora de los mecanismos de decisión echando mano del conocimiento acumulado».

Por su parte, Thomas Kirkwood, investigador del envejecimiento, que dirige el Newcastle Ageing Institute en el Reino Unido, asegura que cada día nuestra esperanza de vida aumenta cinco horas y que la autonomía y la capacidad de decisión, de marcarte metas, prolonga los años de vida. Afirma también que quienes viven en la sumisión acortan su vida. No lo dudo.

La edad avanzada quizá nos haga actuar con menos fervor, pero el conocimiento vital nos aporta eficacia. Nunca es tarde, pero no está mal saber, para quien está a tiempo de ponerlo en práctica, que una vejez dichosa es el resultado de una vida bien vivida, y una vida bien vivida es el producto de su disfrute. Morimos en el tedio precisamente por dejar pasar el tren, mientras lo vemos alejarse con la mirada perdida.

La felicidad es un estado que se experimenta si lo que vives y lo que deseabas vivir coincide y, para ello, la edad es lo de menos, aunque tampoco hay por qué esperar a ser mayor para darse cuenta.

Pongo un broche de superación personal a este apartado con un testimonio entrañable que nos muestra que no sólo se puede disfrutar en los años finales de la vida, sino también acoplarse a los tiempos, sabiendo sacar provecho de las circunstancias que se nos brindan. Son fragmentos tomados del blog de María Amelia, una joven internauta, que comenzó su aventura a los noventa y cinco años:

«Nací el 23 de diciembre de 1911 en Muxía, un pueblecito marinero hermosísimo de la costa de Galicia. 35.524 días de vida, ni más ni menos. El 23 de diciembre de 2006 mi nieto me regaló este blog a mis noventa y cinco años, y mi vida cambió... ahora me puedo comunicar con todo el mundo. Desde ese día he tenido visitas de blogueros de los cinco continentes que me alegran la vejez.»

«Yo no sabía que había tanta bondad en el mundo. Supisteis que necesitaba comunicación y me disteis esa alegría.»

«Yo que sé cuantas entrevistas me hicieron... cientos. Radios de todas las naciones. Y cuántas cosas aprendí y a cuánta gente conocí...»

«Mi blog es para entretenerme y comunicarme con mis blogueros. Y para animar a todos los ancianos a que tengan Internet. Y para que sus familiares hagan un esfuerzo por enseñarles. Así podrán conocer gente nueva, comunicarse y aprender cosas todos los días. A mí me sacó veinte años de encima.»

María Amelia (Extraído de su blog: http://amis95.blogspot.com que, en dos años, alcanzó el impresionante número de 1.677.188 visitas).

En el proceso de elaboración de este libro, recibí la noticia de su muerte, a los noventa y siete años: «María Amelia López Soliño falleció ayer miércoles, 20 de mayo del 2009 a las 6 de la mañana», leí entristecida cuando abrí su blog por última vez. Recibió miles de mensajes de condolencia para sus familiares, procedentes de seguidores que le agradecíamos haber sabido vivir con dignidad y alegría y transmitírnoslo, con ímpetu y naturalidad. La belleza y calidez de tantas palabras póstumas son una prueba del sello que dejó. Diarios de todo el mundo se hicieron también eco de la noticia, porque fue una persona normal que hizo algo excepcional, desde su corazón al corazón de todos los internautas.

Hay que seguir la senda que nos marcó esta sabia mujer y otros tantos que comprenden lo efímero y bello de la vida y disfrutan hasta el último hálito de su existencia. La vida es un segundo, pero un infinito trayecto; el tiempo es lo de menos; cuenta la intensidad con que gocemos de cada momento y lo que contribuyamos a que otras personas se complazcan también de ello.

Capítulo 2
El valor de lo intangible

- ❋ VENTAJAS DEL DESAPEGO
- ❋ ECONOMÍA DE PENSAMIENTO
- ❋ LA CONCIENCIA DEL PRESENTE
- ❋ EL SENTIDO DEL HUMOR

Capítulo 2
El valor de lo intangible

No se ha visto ningún «yo» que naciendo se encontrara
sin mundo, por lo que creo que la realidad que hay
la traemos nosotros y no quedaría nada de ella
si efectivamente muriéramos, como temen algunos.

MACEDONIO FERNÁNDEZ

Para evolucionar hacia lo que deseamos hemos de realizar un trabajo de relación con nosotros, con nuestros antepasados y con quienes convivimos, pero hay otra labor solitaria de atención a lo intangible, a la espiritualidad o la comprensión de lo metafísico (más allá de lo físico); independientemente de las creencias religiosas de cada cual y de los caminos que elijamos para nuestra realización personal, creo que hemos nacido para fusionarnos con lo divino, con Dios, la luz, el camino de la bondad o la denominación suprema que queramos darle, y nuestra área intangible es precisamente la que experimenta esa fusión. Si sólo busco a un Dios lejano y exterior a mí, como un elemento de apego y de ayuda, en momentos de distancia o duda lo sentiré lejos y me encontraré perdido y solo. Si lo siento dentro y participo, como tú, de la divinidad, no habrá separación.

Si estás en proceso de transformación, sabrás que primero te interesas por aspectos relativos a la autoestima y a la mejora de las relaciones interpersonales y, después (o además) por cuestiones como el funcionamiento del cerebro y del cosmos, para terminar en la indagación en esa potente fuerza invisible. En lo más profundo de nosotros late un poder inmaterial, que existe y del que somos vehículos. Es lo que nos une e, igualmente, lo que somos; y cuando nos reencontramos con lo que somos hacemos lo que debemos hacer.

Del interior proceden los logros exteriores y de la esencia nace la materia. Ser espiritual es mirar hacia dentro para volcarlo fuera. No es ensimismarte, sino llenarte de ti para tener algo que ofrecer.

Cuanto más en ti te sientas más capacidad tendrás para trascender, para ver más allá de lo superfluo, sin que por ello abandones los placeres del ámbito más superficial; al contrario, los apreciarás con más intensidad. La conexión con la Fuente de vida, hace que se intensifiquen las emociones, que lo corriente se haga sublime, pero que lo vivas sin apegos.

Necesitamos escuchar y ver lo que no se dice ni se muestra. Estamos hipnotizados por los ruidos manifiestos y desatendemos la sutileza de lo profundo. Claro que resulta imposible mantenerse siempre en el mismo nivel de espiritualidad y comprensión, pero sí es posible darse cuenta de ese «despiste» y retomar el camino.

La «maldad» (en forma de miedos y prejuicios) nos retrasa, desfigura y destruye. La bondad, la cota más elevada de lo intangible, la inteligencia suprema, nos hace bellos, y acoge todas esas actitudes amorosas y compasivas que proceden de la misma esencia del ser humano liberado del miedo, pleno de amor.

La gestión de los miedos y del resto de las emociones, analizada a lo largo de todo el libro, forma parte también de esta trascendental parcela invisible que tanto influye en el devenir del mundo. Pero en este capítulo abordo el «trabajo» de algunos aspectos inmateriales necesarios para liberarnos de cargas que entorpecen nuestro recorrido. Esos aspectos son el desapego (o la generosidad), la observación de nuestros pensamientos (o la meditación y la paz), la estancia en el presente (o la conciencia) y el sentido del humor (o esa amalgama de frescura, trasparencia, inteligencia y originalidad). Los pasamos por alto en la vida, pero son los que nos encaminan en ella.

VENTAJAS DEL DESAPEGO

La necesidad es un mal; no hay necesidad de vivir bajo el imperio de la necesidad.

EPICURO DE SAMOS

Existen muchas «herramientas» intangibles para descubrir nuestros tesoros: la meditación, la visualización, el sentido común, la curiosidad; pero hay una que quizá sea la que más serenamente nos conduce a vivir en paz: el desapego o la liberación consciente de todo y de todos y, a la vez, la que nos hace sentirnos más unidos, porque en el desapego no hay ambición sino desprendimiento. Nada es tuyo y todo lo es; nada a lo que aferrarse y todo para deleitarse.

Sentirse acompañado, tener cosas y disfrutar de ello es muy válido, pero siempre que nuestra felicidad no esté encadenada a su posesión. De lo contrario, sufriremos por el miedo a la pérdida, ante la creencia de que cuando nos falten esos objetos o esos seres que creemos imprescindibles para sentirnos bien, nos encontraremos desamparados. Lo material nos aporta una sensación de plenitud tan pasajera como el tiempo que permanece con nosotros. Cuando dejamos de controlar o poseer esas cosas o, aún peor, a las personas (que, en ese supuesto, podemos llegar a utilizar como objetos), nos hallamos vacíos. El desapego es la solución:

- Si en una relación de pareja evitamos el aferramiento enfermizo, nos sorprenderá encontrarnos con el más puro amor.
- Si en el trabajo no esperamos reconocimiento permanente, experimentaremos la satisfacción que sobreviene de la labor bien hecha.
- Si en nuestras relaciones sociales no reclamamos recompensas, recibiremos múltiples muestras de apoyo y afecto.
- Si nos centramos en lo que hacemos y deseamos, sin pretender inmediatos resultados, obtendremos el producto del esfuerzo en forma de alegría y dignidad.

Desapego no es desidia, ni desafecto, sino vivencias reales, sin enaltecer una realidad inventada por el ego o fundamentada en el pasado y en el futuro. Desde la libertad interior se actúa libre de anhelos, y en esa presencia consciente lo más gratificante de la vida es vivirla.

De la misma manera que hemos ido adhiriéndonos a tantas dependencias que nos han atado, podemos ir despegándonos de ellas, sin desprecio alguno por lo que pueden aportar, pero sí reconociéndolas en nosotros, tomando conciencia de su excesiva influencia y de que nos impiden encontrar nuestra propia fuente de felicidad. Entonces, sin esas ataduras, hemos de permitir que emerja el estado de bienestar por sí solo. El apego a las personas, por ejemplo, no refleja amor, sino egoísmo, porque el amor no exige, el amor Es y deja ser. Quien está vacío de amor o de respeto por sí mismo reclama y se apega a un afecto de relleno, aunque nunca lo consigue, porque lo que parece entregar no se sustenta en la sinceridad, sino en la inseguridad. Ganivet dijo:

> «Sólo los seres débiles y miserables buscan el amparo
> de todo el mundo por no fiarse de sí mismos, solicitan
> las amistades, se deshacen en finas atenciones,
> se quiebran de puro complacientes. En cada uno de estos
> seres está el germen de un tirano...»

Nuestro nivel de apego define nuestra pobreza de espíritu, porque nos lleva a la complacencia superficial para obtener un pago. Cuentan que un labrador se encontraba cenando un simple plato de patatas cuando se encontró con otro, que vivía de manera confortable y comía opíparamente, como consecuencia de su hábito de adular al amo. El aludador le dijo:

—Si aprendieras a ser sumiso al amo, no tendrías que comer esa basura de patatas.

A lo que le respondió el primer labrador:

—Si hubieras aprendido a saborear las patatas, no tendrías necesidad de adular al amo.

Hay que vivir ligero, desinteresadamente. Dejar el lastre de la identidad acuñada con pedazos de unos y otros; renunciar a dependencias y pesos. No arrastrar cargas nuestras ni de nadie, no volcar nuestros problemas sobre nadie, no esperar ni pedir, tan sólo recibir los obsequios de la vida y corresponderla con una actitud tolerante y enérgica, generadora de más vida.

No poseas. No te vuelvas un poseedor de personas
ni de cosas; úsalas simplemente como un don del
universo… y cuando están disponibles, úsalas; cuando no
están disponibles, disfruta la libertad.

Cuando tengas algo, disfrútalo; cuando no lo tengas, disfruta
no teniéndolo: esto también tiene su propia belleza…
Si tienes un palacio donde vivir ¡disfrútalo!; si no lo tienes,
entonces disfruta una choza y la choza
se vuelve un palacio.
Es el disfrutar lo que marca la diferencia.
Entonces, vive bajo un árbol y disfrútalo… no te pierdas el
árbol y las flores y la libertad y los pájaros y el aire y el sol.
Y cuando estás en un palacio, no te lo pierdas…
disfruta el mármol y los candelabros.
Disfruta allí donde estés y no poseas nada.

> *Nada nos pertenece.*
> *Venimos al mundo con las manos vacías y nos vamos del mundo con las manos vacías*
> **El mundo es un don, así que disfrútalo mientras está allí.**
> *Y recuerda, el universo siempre, siempre te da lo que necesitas.*
>
> Osho

ECONOMÍA DE PENSAMIENTO

> *La meditación es el ojo del alma.*
>
> Jacques Benigne Bossuet

La reiteración de pensamiento inútil supone un gasto energético ingente, que termina transformándose en negatividad, así que, si consideramos este hecho objetivamente, debiéramos evitarlo, pero nos resulta muy difícil liberar la mente de juicios y preocupaciones que revolotean insistentemente en nosotros y nos distraen. La meditación sirve (si es que se le puede aplicar este verbo) para ahorrarnos ese pensamiento sobrante y silenciar la continua charla mental, que no deja lugar para nuevas inquietudes. La mente se calma a través de ella y se vuelve diáfana. Tras la calma llega la lucidez y, de su mano, la fuerza necesaria para que surjan y se desarrollen las nuevas ideas. Lo que intuíamos que debía manifestarse, se convierte con su ayuda en un hecho.

La práctica de la meditación no requiere pensar concienzudamente en algo, sino observar los pensamientos, sin «sujetarlos», dejándolos pasar; de ahí que no haya una utilidad en el sentido de conveniencia o interés puro de la palabra. Para el maestro zen, Dokusho Villalba, meditar es «Sentarse y sentirse»; es decir, primero parar y después tomar conciencia de nuestra propia esencia. Lo que hay que hacer es, realmente, nada, tan sólo ser. Por ejemplo, el instante eterno de silencio que se produce entre dos pensamientos constituye un estado en el que no haces ni piensas, pero sí eres:

> *Intente un pequeño experimento. Cierre los ojos y dígase a sí mismo: «Me pregunto cuál va a ser mi próximo pensamiento»: luego póngase muy alerta y espere por el próximo pensamiento. Compórtese como un gato observando la guarida del ratón. ¿Qué pensamiento va a salir de la guarida del ratón? Inténtelo ahora. Tuvo que esperar algún rato antes de que el pensamiento llegara...*
> *Mientras que esté en un estado de intensa presencia, usted está libre de pensamiento. Usted está quieto y sin embargo muy alerta. En el instante en que su atención consciente cae por debajo de cierto nivel, el pensamiento se apresura a aparecer. El ruido mental regresa: la quietud se pierde. Usted vuelve al tiempo.*

ECKHART TOLLE (en *EL PODER DEL AHORA*)

Nos pasamos buena parte de nuestra vida resistiéndonos a todo, huyendo de lo que somos y, en ese sentido, la meditación nos calma y nos centra, porque con ella acaba la huida y la presión exterior, al encontramos con nuestro verdadero fondo. Rompemos momentáneamente las ataduras y podemos abrir un paréntesis de luz, que, si se ejercita, se convertirá en una situación habitual y placentera.

Para meditar, es preciso someterse a una disciplina inicial, porque la mente puede ser trabajada como cualquiera de nuestros músculos del cuerpo (el entrenamiento mental tiene una repercusión comparable a la de la práctica de un deporte con respecto al cuerpo), aunque pudiéramos creer que evoluciona por sí sola para conseguir nuestros objetivos; nos abandonamos a su suerte y, a veces, nos juega una mala pasada, porque se convierte en nuestra enemiga, en lugar de en nuestra aliada. El entrenamiento mental a través de la meditación y la «intensa presencia» equilibra y cura la mente y pone orden en nuestro interior.

Para realizar ejercicios de meditación intencionadamente es preciso reservar esa parcela de paz para ti, con el fin de armonizarte y sentirte capaz de saber por qué camino deseas avanzar, porque comienzas a dirigir tus pensamientos, el motor de tu destino, ya que lo que somos está muy relacionado con lo que pensamos y cómo lo pensamos. Hay múltiples formas de meditar (incluso existe la meditación dinámica). Los expertos aconsejan que busques un lugar tranquilo para hacerlo, donde nadie te perturbe ni te interrumpa. Personalmente, me gusta meditar tendida en la cama, cuando todo está en calma y a última hora (se corre el «riesgo» de quedarse dormido, pero no siempre es así, y si lo es... algo habrá influido este ejercicio de relajación, que no caerá en vacío). Puedes comenzar por sentir cada una de las partes de tu cuerpo, incluso tus órganos internos y, concentrado en ello, irás experimentando distintas sensaciones que te hacen ver que estás logrando ese estado de bienestar que procede de apartar los pensamientos que molestan. Tal vez experimentes un cosquilleo que recorre tu cuerpo, ganas de desperezarte o una sensación de no estar en tu propio cuerpo, entre otras. Son estados placenteros a los que se llega cuando te liberas de ataduras mentales a problemas que creas desde la imaginación.

Si estás demasiado tenso te costará realizar ejercicios de relajación y de meditación (recuerdo que, inicialmente, me estresaba incluso leer el método para llevarlos a cabo). Concédete el tiempo que precises para concentrarte; prueba una y otra vez, escucha grabaciones que te vayan guiando, y llegará un momento en el que experimentarás el placer de alejarte de lo que te aturde y sentir la libertad de tu espíritu («es como si perdieras el conocimiento, pero manteniéndote despierto», dicen Esther y Jerry Hicks).

En la actualidad, es posible acceder a técnicas de meditación, mediante cursos y audiciones, muchos accesibles a través de la propia Red. En cualquier caso, para comenzar, es aconsejable asesorarse de maestros en la materia, al igual que si se eliges otras prácticas curativas (yoga, taichí...), muchas de las cuales llevan implícita la propia meditación.

Durante la meditación no hay que conceder demasiada importancia a las sensaciones del momento, o detenerse en pensamientos del tipo «me aburro», «esto no sirve para nada»; «estoy perdiendo el tiempo» o «me distraigo». Hemos de dejar que circulen esos y cuantos mensajes lleguen, entren y salgan, sin querer analizarlos. «Si estás meditando y llega un diablo, pon ese diablo a meditar», escribió Gurdjieff. Estás meditando y lo demás es intrascendente en ese momento. Si eres disciplinado y vas comprobando los beneficios en tu salud física y psíquica, te atraerá cada vez más. Tendrás después períodos más o menos activos, pero, en cualquier caso, obtendrás de ellos algo fundamental: aprender a observar(te) más y a juzgar(te) menos. Meditar no es paralizar o dirigir, sino advertir y dejar ir, desapegarte de lo que pasa por tu cabeza, abrir un espacio de libertad interno, que se pondrá de manifiesto en tu exterior, permitiendo que toda tu creatividad pueda aflorar.

Si realizas regularmente esta práctica, con el tiempo quizás no necesites programarla como una actividad periódica (aunque sí es muy recomendable que lo sea), porque ya habrás llegado a sentir la paz que te proporciona vivir en la madurez espiritual: detenerte en cada instante, observar la vida en sus más pequeños detalles, hasta alcanzar un estado casi permanente de concordia, con una entrega menos intensa al ejercicio en sí, y más facilidad para ponerlo en práctica en cualquier vivencia del día a día. Los períodos de consciencia pueden llegar a superar a los de inconsciencia y tus pensamientos no te dominarán, sino que serás tú quien lleve el mando de lo que pasa por tu mente, pudiendo lograr la tranquilidad que precisas para emplearte en los fines que tengan aliciente para ti.

Porque el fin de economizar pensamiento es precisamente dar menos importancia a lo que piensas y más a lo que eres: un gran caudal de sensaciones e ideas frescas, de otro modo perdidas en la confusión y en el sentimiento funesto de la vida. Despertarás así a una visión más amable y lúcida del universo, que te hará experimentar aspectos mucho más cercanos a tu fuente de deseos. En el momento en que adquieras seguridad en ti a través de tus «buenos pensamientos» sentirás que la vida no es triste, sino que eras tú quien lo estabas. Así, irás obteniendo los beneficios de saberte merecedor de otro tipo de experiencias. Pero todo ha partido de tu mente limpia y abierta al cambio.

Otro dato fundamental para la apertura es «controlar» y observar la forma en que respiramos. De la adecuada respiración emana la buena gestión de nuestro ser. Es el aliento de vida que desenreda las tramas que impiden nuestra adecuada canalización integral. La música es, igualmente, un alimento esencial para el ser, junto con la «escucha del silencio». Son distintos modos de meditación totalmente a nuestro alcance, cuyos beneficios pasan inadvertidos para nosotros, salvo cuando nos vemos acariciados casualmente por ellos. Recuerdo que en uno de los programas de «El loco de la colina», su conductor, Jesús Quintero, invitó a los telespectadores y a sus propios invitados a permanecer en silencio unos minutos, en plena emisión. Fue una hazaña la suya, un maravilloso atrevimiento, en ese campo de la comunicación para las masas, en el que las palabras valen millones, aunque tantas de ellas estén vacías de valor.

En casa acogimos su propuesta y resultó muy purificador. Estábamos haciendo algo que se salía de lo común, y eso ya es un aliciente, y, además, nos estábamos concediendo unos instantes de paz, de no-ruido, que no debieran limitarse a unos minutos de nuestra vida.

LA CONCIENCIA DEL PRESENTE

Coged las rosas mientras podáis
veloz el tiempo vuela.
La misma flor que hoy admiráis,
mañana estará muerta...

WALT WHITMAN

La mayoría de las personas que hablan mucho de su pasado o se preocupan por su futuro lo hacen desde el egocentrismo y porque no están conformes con lo que tienen en su presente, y la causa de no estarlo es precisamente la recreación de esos viajes improductivos al tiempo inexistente. Es cierto que la nostalgia tiene un componente poético, que puede tener cierto encanto o utilidad cuando nos sirve para disfrutar del presente, pero aferrarse sólo a lo vivido puede ser un síntoma de querer huir de lo que tenemos ante nosotros o paralizar lo que aún nos queda por hacer y sentir. Y esto es un indicativo de nuestra incapacidad para agradecer las oportunidades que se nos presentan permanentemente. Por otra parte, estar demasiado pendientes de lo que nos pasará en el futuro denota miedo, falta de confianza en la vida y en uno mismo. Y así, con la mirada sólo en el pasado y en el futuro no es posible realizarse dignamente en el presente.

Viajamos con la mente y estamos justo en el lugar equivocado, fuera de nosotros; y en el tiempo inadecuado, ayer y mañana. Es en «el ahora» donde sentimos la fuerza del amor infinito que nos impulsa. Sólo hay que estar alerta, poner atención a lo único que existe, este instante, y disfrutar de la belleza de existir.

Cuando sientas que tu pensamiento deja de ser productivo para ser agobiante, cuando percibas que te dirige y no tú a él, recuerda los beneficios de la meditación, tal y como se ha expuesto anteriormente, y trata de estar lo más consciente posible en el presente, donde las preocupaciones pierden toda fuerza. Porque vivir en el presente es hacerlo libres de lo que «no es». No hay resistencia a lo que te va sucediendo, sencillamente porque lo vives, no lo piensas y, por tanto, desaparece la frustración que proviene de esperar que suceda lo que no puede darse. En el ahora no hay problemas, sino soluciones o situaciones que tienes que aceptar o cambiar, pero no hay tiempo para preocuparse. Las preocupaciones están sólo en la mente, y con la mente ocupada en lo que te apasiona la vida se torna agradable.

Evidentemente, todo esto requiere atención interna, y eso no es precisamente a lo que nos empuja la sociedad actual, que nos arrastra hacia la inconsciencia. Sin embargo, lejos de culpar a nadie, ni siquiera al modo de vida imperante, podemos tomar ese vivir inconsciente como un aprendizaje, como una redirección al presente, porque mediante la distracción del ahora vamos constatando que no obtenemos buenos resultados.

Fuera del presente nos llenamos de temores, y el más temido de todos es el de la muerte, por eso, cuando más pensamos en el momento de la muerte suele ser en determinadas etapas en las que no sabemos muy bien qué hacer con la vida, porque la vivimos fuera de tiempo.

*La muerte puede consistir en ir perdiendo
la costumbre de vivir.*

César González-Ruano

Si la muerte no me sorprende repentinamente, y soy capaz de contemplar con objetividad mi tránsito por aquí, podría dejar escrito uno u otro de estos mensajes:

- Gocé de la vida y aún estoy viva.
- Me marcho con la gran pena de no haber valorado dónde estuve, que es donde ahora estoy.

Realmente, la pregunta principal no es cómo me iré, ni siquiera cómo lo enfrentaré, sino cómo elijo vivir aquí y ahora. Lo de menos es cuándo acabará nuestra vida terrenal, ni a qué lugar iremos, sino ¿estoy disfrutando plenamente en este mismo instante? ¿Estoy llevando la vida que deseo llevar?

Probablemente, si gozas de un don natural para una actividad concreta, poco común, que se deja notar, no tendrás que proponerte esa atención consciente, porque, si has llegado a ella desde el impulso del alma, el placer de desarrollarla te hará concentrarte en el soplo único y eterno. Tocarás el cielo con los pies en el suelo. Por otra parte, si tu talento no es tan patente, o las circunstancias que te han rodeado te han llevado a pensar que eso es así, quizá te cueste más centrarte y dirigirte hacia donde deseas, pero, cuando lo logres experimentarás la satisfacción de vivir en el tiempo real sin esfuerzo alguno. Y lo que tú posees y puedes aportar para deleite de la humanidad aflorará como una consecuencia de ese «darse cuenta». Ése es uno de los motivos por el que nos gusta estar con personas optimistas, entusiastas y creativas, porque nos contagian de la fuerza que experimentan en cada aliento de vida, porque apreciamos cómo apuran cada segundo como si fuera el último y el único.

Muchas veces nos movemos por objetivos, pero, aunque deseemos alcanzar determinados propósitos, ya sea de carácter personal o profesional, sólo hay una manera de conseguirlos: haciendo que cada día sea una ocasión de aprender. Si bien la permanencia en el ahora no anula la posibilidad de hacer planes y de concretar metas, sino todo lo contrario; esos planes se establecen paulatinamente. Es un proceso asombroso y mágico, que emana de sí mismo.

No hay nada más que hacer que lo que estamos desarrollando, porque no existe más tiempo que aquél en el que nos encontramos mientras realizamos la acción, pensamos o planificamos un objetivo. Todo ello tiene lugar en el ahora. Nada más. Incluso el hecho de no hacer nada es también una decisión del instante. La impaciencia, por ejemplo, es un autosabotaje para nuestro crecimiento, contrario a la gestión sosegada y efectiva de un plan de vida.

A través de la fusión con el momento que vives se incrementa tu capacidad para regocijarse y llegar a experiencias místicas, incluso en la misma cotidianeidad: sentimos con intensidad y sacralidad cualquier detalle y nos maravillamos con la ingente y vibrante belleza de la vida: los afectos, la naturaleza... Hace unos días contemplé un amanecer espectacular. De camino al trabajo, iba dejando tras de mí un cielo casi indescriptible: bolitas superpuestas de algodón, tocadas por el gris de las sombras aún nocturnas, se iban elevando para dar paso a un intenso brillo, que se manifestaba progresiva y dulcemente sobre la montaña. Casi peligra mi integridad porque no podía apartar la vista, por los espejos retrovisores, de semejante espectáculo visual. La luminosidad inicial formaba una franja bien delimitada, como trazada deliberadamente por las nubes y la tierra, que animaba a retirarse, de forma pacífica, al rizado «tejido» gris azulado. Mientras contemplaba este delirio de belleza, me preguntaba cuántos amaneceres me había perdido todos aquellos años en los que me sentía separada de la naturaleza... y atada a la confusión, a lo que sucedió o a lo que podría suceder...

En el trayecto, intentaba captar la expresión de los que venían conduciendo por el carril contrario, que se encontraban de cara con esta maravilla en la que todo posee un significado, y trataba de adivinar de una ojeada en qué etapa de sus vidas se encontrarían... Si ya estarían aquí, en el ahora, en el único espacio y lugar donde las cosas suceden...

EL SENTIDO DEL HUMOR

La potencia intelectual de un hombre se mide por la dosis de humor que es capaz de utilizar.

FRIEDRICH NIETZSCHE

El placer de vivir está muy enlazado con el sentido del humor; de hecho, es considerado como una potencia de la mente. Somos más creativos si estamos de buen humor, aunque no siempre es así, porque numerosos artistas se inspiran en su sufrimiento y lo proyectan en su obra. Cualquier emoción se puede trasformar en arte. Sin embargo, el sentido del humor precisa de ese toque de surrealismo que también requieren los actos innovadores, en cuanto que permite ver lo conocido desde una óptica original. El humor nos retira del pensamiento único y convierte los marcos lógicos e inflexibles en otros imaginativos y poéticos.

La solemnidad, a Dios gracias, ya no se lleva, pero, además, está más entroncada con el estatismo y las preocupaciones que con la innovación. En la solemnidad hay miedo, no tanto en la seriedad, que también se requiere para determinados momentos, porque, evidentemente, no siempre se puede estar de broma... Pero el efecto del humor, siempre desde el respeto y en cualquiera de nuestras acciones, es tremendamente positivo, no sólo para potenciar la realización de nuestros propósitos sino también para impulsar a otras personas a hacerlo. Se puede ser serio, si es como te encuentras en tu centro, pero también se puede ser alegre si lo eres y, al tiempo, cabal; salirte del carril, pero seguir caminando recto; relacionarte con tus semejantes y cumplir con tus obligaciones. Se puede, y creo que se debe, porque hay que espolvorear de ilusión el mundo.

Quienes han conseguido llevar a cabo sus ideas seguro que se han apoyado, en más de una ocasión, en el sentido del humor, bien para relativizar cualquier «inconveniente» o para aumentar su fortaleza. Obsérvales y comprobarás que su buen carácter no es una consecuencia de su triunfo, sino que han logrado lo que pretendían precisamente por su espíritu alegre y optimista. Nos gusta estar con ellos porque desprenden equilibrio, al que les lleva la satisfacción interior, lejos del pesimismo. Su seguridad procede de la mirada positiva. No se preocupan ni preocupan, porque cada conflicto que se les presenta lo llevan al terreno del aprendizaje, siempre con buen carácter. Y esta forma de vida procede de alegrarse por saber reconocer la generosidad de la vida, todo lo que nos ofrece, pero sin necesidad de poseerlo.

La alegría nos hace fuertes, nos permite relativizar y acatar los conflictos para tomar las decisiones más adecuadas en cada momento. Cualquier preocupación se debilita ante la fortaleza del buen humor:

> *La función química del humor es ésta: cambiar*
> *el carácter de nuestros pensamientos.*
>
> Lin Yutang

El sentido del humor, la alegría y el optimismo son refrescos para la imaginación de los adultos, que nos aproximan a la ingenuidad de los niños: sin prejuicios, con la pureza que precisan las ideas arrolladoras. Nos lo tomamos todo demasiado en serio, y nos olvidamos de que lo que nos hace reír y vibrar es, en definitiva, lo que la mayoría de nosotros vamos buscando: pasar lo mejor posible el tiempo que permanecemos materialmente en la tierra.

Capítulo 3
Siéntete el mundo

- SOMOS IGUALES
- UNA ÓPTICA HOLÍSTICA
- TIENES LO QUE DAS

Capítulo 3
Siéntete el mundo

*«Llevo en mi mundo que florece
todos los mundos que han fracasado.»*

Rabindranath Tagore

Tú eres una prolongación de mí y yo de ti, y ambos lo somos del mismo universo. Cuanto más conscientes somos de ello más nos acercamos a la totalidad y, paralelamente, a nuestros propios objetivos. Así que, si no nos gusta el mundo lo más sensato es empezar por cambiarlo en nosotros, y eso, a la larga, nos reporta muchos beneficios, dos de ellos tan valiosos como la libertad y la consecución de nuestros anhelos. Sin embargo, demasiado a menudo, nos quejamos de todo desde la búsqueda de soluciones fuera de nosotros, a modo de jueces, como si nuestra participación en los hechos no tuviera importancia. Nos quitamos poder y responsabilidad en el devenir de los acontecimientos, pero el avance del mundo precisa del ímpetu de cada uno de los seres que formamos parte de él, desde la individualidad hacia la globalidad:

*No te preguntes qué necesita el mundo.
Pregúntate qué te hace sentir vivo.
Porque lo que el mundo necesita
son personas que han cobrado la vida.*

Harold Whitman

Todo lo que vemos, lo que sentimos y lo que somos tiene por núcleo la más potente de las fuerzas, que es el amor. De él emana todo lo que existe y de él nace el sentimiento de unión que nos aporta el dinamismo necesario para dirigirnos a la mejora. Y de la superación personal procede la del mundo en general. Por el contrario, cuando nos desvinculamos del mundo y nos quedamos sólo en nuestro terreno de logros individuales, el egoísmo nos empuja a la separación, al vacío y a la impotencia. Comprobamos así que nuestra vida se convierte en un permanente boceto que nunca llega a perfilarse.

Es muy necesario sentirte parte integrante de un Todo, en el que no sólo das lo que tienes, sino que también tienes lo que das, y cuanto más sincera y generosamente te entregues con mayor satisfacción experimentarás el milagro de la creación y verás satisfechos tus deseos más inmediatos. Ése no será el final del recorrido, sino la mejor manera de transitarlo con la sensación de que cada vez se ensancha más y más acompañado vas. A la explicación de todo ello dedico este capítulo, en el que se manifiesta nuestra fuerza y particularidad, pero siempre desde la pertenencia a un proyecto común.

Todos somos seres completos, pero sólo lo experimentamos cuando abrimos la mente a ello; de esa apertura resulta un ser humano trasparente, espontáneo, alegre, vital, optimista, imaginativo, emprendedor, sereno, respetuoso, independiente, valiente, reflexivo, alerta, consciente, cuerdo, libre: un ser humano feliz.

SOMOS IGUALES

Todos los hombres nacen iguales, pero es la última vez que lo son.

ABRAHAM LINCOLN

«Un día te darás cuenta de que has dejado de ser uno más», decía la publicidad de un vehículo. El día en que sientes que has dejado de ser uno más te reconoces, precisamente, como nunca antes lo habías hecho, como uno más y, a la vez, descubres lo que te distingue. Comprendes que tus ganas de superarte anidan en todos los seres humanos, y que para hallarlas sólo hay que rasgar la cortina de la uniformidad. Ese día, en el que te mece suavemente la dulzura de la esperanza, sin esperar…, conoces y aceptas a quienes aún no se atreven a dejar de ser uno más. Y ya no les temes a las sombras ni te deslumbran las luces, porque ambas están en ellos, y también en ti:

– La raíz del miedo, el pensamiento generador de sufrimiento, la resistencia, la comparación, la reacción…
– Los buenos sentimientos, la calidad humana, la calidez, la compasión, la solidaridad, la comprensión, el amor…

Tan distintos como parecemos y tan parecidos como somos.
Dejemos de recelar unos de otros, porque creo que el hombre es, esencialmente, bueno. Basten estos ejemplos:

- Hace unos días, en una cafetería observé a una camarera que pidió a unos clientes que se retiraran de la barra para pasar una gamuza; ellos lo hicieron rápidamente, incomodándose y cogiendo sus vasos y pertenencias para facilitarle el trabajo.
- En la calle, cuando alguien le pregunta a un transeúnte una dirección para dirigirse a un lugar concreto, la persona abordada responde con prontitud y amablemente, casi agradecido de serle útil; si se trata de un grupo, se quitan la palabra para resolver la consulta.
- Cuando una persona mayor pide que le lleven una bolsa, aquejada de algún dolor, cualquiera le socorre con gusto.
- Nos apresuramos para advertir a alguien de que se ha dejado las luces de su vehículo conectadas.
- Alguien que ve cómo se le cae un objeto al suelo a otra persona lo recoge y se lo entrega.

Siempre hay excepciones, pero, en general, somos compasivos y solidarios, por naturaleza; hasta la persona más «dura», a ojos de la sociedad, se estremece y llora ante el desenlace de una película en la que se hace sufrir a los débiles. Entonces... ¿dónde está el problema? ¿Por qué fallamos en nuestras relaciones? ¿Por qué –si somos seres puros con buenos sentimientos, que culminan en buenas acciones– hay tanta separación, peleas y guerras?

Gran parte del caos proviene del egoísmo, la ambición, la soberbia, el orgullo, el egocentrismo, en definitiva, que no parten tanto de la maldad como, nuevamente, del desencuentro interno. Son actitudes que denotan la necesidad del ser humano incompleto de quedar sobre el otro, para suplir, así, las propias carencias, cubriéndolas con una falsa superioridad. Y ello es consecuencia de que nuestro sistema de creencias está basado en un nivel de «sabiduría» exterior e insustancial, que se tambalea en cuanto algo se pone en juego. Cuando el mundo no nos satisface, el mundo son los otros; cuando nos llena, estamos dentro del mundo. Nos movemos en el espacio de la defensa de lo material y de la confrontación, porque creemos que fortalece nuestra identidad. Así, evitaremos también el «duro» trabajo de mirarnos y mostrarnos diáfanos, ante el miedo a ser vulnerables y vencidos.

Sin embargo, quienes se han enfrentado a sus miedos y se han trabajado a sí mismos viven de forma consciente la mayor parte de su tiempo, disfrutan de sus relaciones y se encauzan para vivir como quieren hacerlo. Todos somos maestros y aprendices, unos de otros. Las personas que viven insatisfechas y parecen querer trasmitirnos esa amargura están atravesando una etapa vital que les corresponde y que no tiene por qué entorpecerte ni influir en tu desarrollo. Si así lo sintieras, tuya es la responsabilidad de solucionarlo, porque sólo de ti depende que te afecte:

> *Si una espina me hiere, me aparto de la espina*
> *pero no la aborrezco.*
>
> Amado Nervo

En realidad, si pudiéramos acceder a la historia profunda de cada ser humano encontraríamos motivos para que sean como son, entenderíamos por qué se han separado del resto y entonces les asemejaríamos tanto a nosotros que practicaríamos sin esfuerzo la empatía o la capacidad de ponerse en el lugar del otro, siendo consciente de comprender y apreciar sus sentimientos.

Es imposible juzgar, odiar o recelar de nadie si sabes que cuando haces eso con otras personas te lo estás haciendo a ti. La pega es que esto se nos suele olvidar. Pero, desde la asimilación y comprensión de nuestra similitud, evitamos la presión que supone vivir en competición o con miedo a la usurpación de «lo nuestro» y, en ese caso, lo haremos conforme a nuestro enfoque interno, sin condicionantes, sino desde el simple y noble deseo de ser felices y contribuir, con nuestra positividad, a la armonía universal.

Somos iguales, pero unos lo saben y otros no; los primeros llevan una gran ventaja para la realización de sus propósitos.

UNA ÓPTICA HOLÍSTICA

Un ser humano es parte del todo... Se considera a sí mismo, a sus pensamientos y sentimientos, como algo separado del resto, como por una suerte de ilusión óptica de su conciencia. Esta ilusión es para nosotros como una prisión, que nos restringe a nuestros deseos personales y nos encariña con unas pocas personas que nos son próximas. Nuestra tarea es liberarnos de esta cárcel ensanchando nuestra área de compasión hasta abrazar a todas las criaturas vivientes y a toda la naturaleza en su belleza.

Albert Einstein

Daniel Goleman indica en su libro, *Inteligencia social,* que estamos diseñados para relacionarnos porque nos movemos en un «ballet neuronal» que une nuestros cerebros. Sin embargo, rompemos el ritmo de ese baile con las actitudes disgregadoras, que, en muchos casos, son potenciadas por la influencia de quienes prefieren que todo siga sin cuestionarse. Los humanos tenemos el concepto erróneo de que somos entidades independientes, y eso nos hace caer en la distancia, pero también en la uniformidad. La propia «masa» humana parece un batallón uniformado y alineado en el que escasea la originalidad y el intercambio. Sin embargo, estamos preparados para vivir en permanente colaboración. La danza en la que participamos dibuja su coreografía, principalmente, desde la energía e información que nos mueven, y lo hace partiendo de una misma y única raíz. Así, la teoría holística defiende que la realidad es un todo, distinto de la suma de las partes que la componen, y el hombre una unidad física, mental, energética y espiritual, aunque, a veces, todo lo que vemos parezca una distorsión absurda y rota en la que se esconde, aturdida, el Alma universal.

Eric Pearl, autor del libro *La Reconexion,* apunta: «muchas culturas hablan de un tiempo en el que éramos seres más completos pero, en un momento dado, nos separamos de la totalidad». (...) Ahora debemos «reconectarnos con algo que originalmente teníamos». Vivimos en una etapa en la que se está produciendo una trasformación global de la conciencia, contrarrestando el mismo caos del que participamos. Aunque parezca que todo se encamina hacia el desorden, cada vez más personas se suman al concepto de unidad. Por ese motivo, si estás emprendiendo el camino interior constatarás que te vas encontrando con mucha gente en tu sintonía, a la que no les resulta extraño hablar del poder de la energía, de la fuerza de lo inmaterial y de la necesidad de un nuevo rumbo de la humanidad, en el que se respete también el medio físico que nos acoge. Con estas personas concienciadas se establecen fuertes vínculos sin que haya más interés por medio que el de la necesidad de profundizar y hacer del orbe un lugar más seguro para los que nos siguen. Sientes esos encuentros como regalos para fortalecer tu decisión de trascender. Poco a poco, va creciendo esa fusión de las almas y se produce un intercambio natural, sin apegos, en el que el entendimiento es cada vez más hondo y productivo, porque unas personas te llevan a otras y de cada una de ellas aprendes facetas nuevas que te engrandecen.

Ciencia y humanismo se van dando también la mano en esta etapa, para constatar que las mentes están enlazadas y que cada cuerpo es el universo expandido sin límites. Lo palpable está soportado por un tejido indivisible. Todo es lo mismo, lo único que cambia es la forma con que percibimos cada objeto o cada ser vivo. En este sentido, los seres humanos deberíamos tomar la lección de unidad que nos da la naturaleza. El pino que tengo ante mi casa posee un tronco robusto al que van las ramas, de las que brotan sus hojas de aguja. Cada una de sus partes, perfectamente ensambladas, permite serena la influencia de todas las estaciones del año, crece y aporta belleza, en comunión. Carl Jung dice, en su autobiografía interior, *Recuerdos, sueños, pensamientos*, que ve a Dios en los árboles y en las montañas mucho más que en los ropajes que nos ponemos los humanos y en los edificios que construimos. Tomando nota de la Madre naturaleza, nuestra misión debe ser conseguir el renacimiento del hombre nuevo, en el que la línea entre lo interior y lo exterior sea cada vez más tenue y la fusión consigo y con el resto de la humanidad más sólida.

Mientras se pelean las ramas de los árboles,
sus raíces se abrazan. Las personas podemos pelearnos por
los vientos de las ideologías y de los acontecimientos;
la solución no es cortar las ramas, la diversidad, sino
llegar a las raíces del árbol, donde se abrazan.

DOUDOU DIÈNE

Cuando nos hermanamos con lo que nos rodea, cualquier elección personal tiene una gran repercusión general, aun lo que nos parece más insignificante. Una sonrisa, un saludo afable, una actitud colaboradora, la escucha activa, una muestra de afecto... poseen un efecto revolucionario y purificador a nuestro alrededor y, por tanto, en la totalidad. Esto puede verificarse, por ejemplo, a través de una simple secuencia de sucesos que corresponden a situaciones cotidianas:

- Un hombre toma un taxi. Al terminar el trayecto, le da las gracias al taxista por la conducción, quien agradece el cumplido, sintiéndose así útil y satisfecho de su trabajo.
- El taxista regresa a casa de buen humor, y genera un buen ambiente entre los miembros de su familia.
- Los niños se sienten felices, como consecuencia de la armonía que reina en su casa, lo que les aporta el equilibrio necesario para comportarse debidamente en el colegio.
- Los profesores se sienten cómodos en clase, ya que se encuentran ante niños participativos y, por tanto, pueden desarrollar su capacidad didáctica adecuadamente, lo que conducirá a su bienestar, que, a su vez, proyectarán en los ambientes en los que se desenvuelvan.

La continuación de esta secuencia, que deriva de un simple «gracias», puede ser interminable. Hay muchos caminos para trasformar el mundo, y éste es uno de ellos, partiendo de la propia actitud individual, del crecimiento personal. Nos perdemos en estrategias, planes, organizaciones de distinta índole, y todo es más sencillo de lo que parece. La teoría del caos señala que una mariposa aleteando en Oriente puede causar un tornado en Occidente. Sólo una mariposa, desde su aparente fragilidad, puede influir de esa manera, y eso tiene lugar porque todo está en interconexión. Aunque no poseas conocimientos científicos, intuyes que esto es así, que todo es uno y que cada uno somos todo. Todos somos necesarios y cuantas más manifestaciones de amor haya, menos arrogancia y más unión, más fácil será la vuelta a lo positivo y más llano el camino hacia el cometido para el que cada uno de nosotros hemos venido a este planeta.

Creo en la humanidad y en que hay que hacer un acto de fe en la bondad de las personas; comprendo que estemos vagando equivocados durante determinados períodos, los necesarios para aprender de los errores, subsanar las herencias emocionales y asumir y afrontar nuestros miedos..., pero sé también que todos poseemos ese fondo luminoso, que se puede entrever en tantas ocasiones. En momentos de lucidez, encontrarás ese germen de pureza, incluso en quienes menos lo esperas, porque verás reflejada en él tu propia luz; ese es un claro síntoma de que vives como deseas hacerlo.

El mundo no nos es ajeno, por lo tanto, «yomundo», con la libertad de mis acciones y de mis pensamientos, estoy contribuyendo a mi desarrollo, pero también estoy higienizando una parcela terrestre, la estoy contrarrestando de la «muerte» colectiva, mediante mi propia proyección. Así que si encuentro el espacio y el lugar que me corresponde en el mundo, si llevo el tipo de vida que me hace crecer y me satisface, ya estoy cumpliendo con mi parte de responsabilidad para obtener un mundo mejor. Quizás no haya que plantearse siquiera el objetivo de conseguir el cambio de la humanidad a través de ti, como una estrategia, porque la decisión de cambiar tiene lugar cuando necesitas hacerlo, cuando es tu momento (no es un plan de estudios) y las consecuencias favorables de ese cambio van apareciendo fluidamente, de la misma manera que las ventajas personales derivadas de tu trabajo se van presentando sin que las persigas específicamente, sino como una consecuencia lógica que emana de ello. Si nos sentimos en oscuridad trasmitiremos sombras; si somos luz emitiremos luminosidad con total naturalidad. Si aportamos bondad, verdad y belleza ensancharemos el universo y, si vivimos en la miseria interior... obtendremos un espacio de vida opaco, aunque después nos quejemos de cómo está el mundo y lo que nos rodea.

Si te atreves a variar tu rumbo, no temas. Siempre estás acompañado. El mundo está contigo, porque tú eres el mundo. Formas parte del universo, porque eres el universo, aunque éste tenga su propia evolución. Quizá estás renovándote, desatando nudos emocionales, que te permiten avanzar, y, cuando tú avanzas, el mundo avanza.

TIENES LO QUE DAS

El éxito no consiste en cuánto dinero tienes ni en cuánto poder acumulas, sino en cuántos ojos haces brillar a tu alrededor.

Benjamin Zander

Cuando se eleva la conciencia se evita la confrontación y se comparte, sin miedo a perder. Se siente, entonces, la necesidad de colaborar, de cooperar y de unir fuerzas. Se descubre que cuando das te lo estás dando y que cuando recibes con agrado también estás siendo generoso. Uno de los mayores y más fructíferos retos es ser generoso con uno mismo, y superarlo es precisamente una prueba de la autoestima.

Esa teoría de que recibes lo que has dado se cumple siempre, y no sólo afecta a aspectos materiales, sino, sobre todo, a cuestiones relacionadas con el campo emocional y espiritual, que son, en definitiva las que nos movilizan. Ahora bien, sólo quien se siente satisfecho consigo mismo es capaz de efectuar ese intercambio recíproco. Trasmitir o compartir lo que nos ha hecho crecer, por ejemplo, nos permite seguir aprendiendo y nos trae más oportunidades de crecimiento. Un proverbio árabe dice: «Si tomas arena y empuñas la mano, todo lo que obtienes es un puñado de arena. Pero si abres la mano, toda la arena del desierto puede pasar por ella».

En una entrevista, Deepak Chopra afirmaba que estudiosos del evolucionismo aseguran que la etapa de la supervivencia del más apto ha de dar paso a la del más sabio. Las relaciones de lucha se sustituirían así por las de simbiosis. La confrontación, la competición desde el egocentrismo (tratar de quedar sobre el otro) dejaría paso al intercambio y al enriquecimiento. En este sentido, presenta a la sabiduría como la salvación del desorden. Sencillamente, maravilloso.

Sin embargo, tenemos dificultad para compartir, como consecuencia de un patrón de escasez mal aprendido, que nos impide tener desde el ser y, por lo tanto, dar en ningún otro plano. Es la pescadilla que se muerde la cola. A mayor fortaleza interior más generosidad, porque el sentimiento de prosperidad hace que aumente constantemente el caudal y, por tanto, pueda repartirse sin reparos.

Y el caudal de amor emana de lo más profundo de cada uno. Un ser humano no puede ayudar a otros si no ha conectado consigo mismo. Conocerse, sanarse, respetarse y amarse. Ésta es la primera secuencia. La siguiente, comprender, respetar y amar. Se da lo que se tiene, y si no fluye tu fuente de amor no puedes administrarlo. La mayoría de los laberintos de comunicación y relación parten de un conflicto interno que, en definitiva, conduce a la negación de la propia persona y a una vida sólo en función de los demás, desde el ataque y la defensa, y no desde la unión.

Sin embargo, no hay que confundir querer complacer con dar; lo primero, sin más sustento, denota falta de amor propio y lleva implícita la búsqueda de recompensa. Hay que dar sinceramente, sin esperar nada. Ahora bien, entrégate, sí, pero sólo hasta donde puedas. Pon tu generosidad en todo cuanto hagas, pero no sobrepases el límite en el que te hagas daño a ti mismo, o en el que asumas cargas que otros no hayan querido aceptar como suyas, porque agotarás tus fuerzas y, de ese modo, quizá no estés demostrando interés puro por los receptores de ese desgaste.

Con ese proceder estás exhibiendo un exceso de celo por la vida de otros y muy poco por la tuya. Probablemente estarás impidiendo que avancen por sí mismos y cediendo algo de ti a quien no te ha solicitado nada. A veces, no ayudar es, en sí misma, la mejor de las ayudas. No estamos aquí para llenar el vacío de nadie, sino para llenarnos de amor y repartirlo sin que medie el interés. De cualquier manera, todos sabemos cuándo hemos de ayudar, entregarnos y a quién, porque normalmente nos lo piden, ya sea de palabra o tan sólo con una mirada; solemos equivocarnos cuando damos (nos damos o nos entrometemos, ya sea por altruismo o por egocentrismo) sin que nadie reclame nada de nosotros.

Y, en el mismo sentido, tampoco hay que esperar de otras personas más de lo que puedan ofrecernos. Siempre he tendido a idealizar mucho a las personas que, por algún motivo, me han impresionado. Y eso, en cierto modo, me ha proporcionado muy buenos momentos, porque creo que la capacidad para entusiasmarse, sea por el motivo que sea, es causa de felicidad. Sin embargo, hoy día, con una mirada más serena, no tan analítica (porque el análisis suele derivar en el juicio), sino contemplativa, he perdido esa costumbre de sublimar a aquellos que me impactan a primera vista. Me alegro de esto porque, en cierto modo, parecía exigirles siempre maravillas. Ahora, en la medida en que me considero muy igual al resto de los seres humanos y sé de mis virtudes, pero también de mis debilidades, sólo cuando me sorprendo de mí misma sin caer en mi propia idolatría puedo experimentar también la libertad de no esperar. Éste es otro significado de la generosidad, en cuanto que liberas a otros de las propias exigencias.

Se puede demostrar generosidad, asimismo, desde la realización de tu propia obra de reconstrucción personal, dando ejemplo de vida, al igual que desde la aportación sublime de las más sofisticadas formas de arte, hasta la sencillez de una labor cotidiana. Todos tenemos algo que ofrecer. No es trascendente el nivel cultural, intelectual o social. Se puede disfrutar y ayudar haciendo que el sentido de tu vida sea la propia generosidad, pero también preparando un delicioso plato o trabajando la tierra con amor. Sin hacer nada extraordinario, pero sí elevando lo ordinario a la categoría de único, de manera que se intensifique el resplandor de la vida.

En todos los casos, la capacidad para compartir abre nuestro cerco limitado de individuos aislados y comenzamos a interesarnos por los conflictos globales, con la finalidad de contribuir al orden general. Adivinamos posibles formas de resolver grandes problemas, como consecuencia de la claridad de nuestro espíritu, potenciada precisamente por ese corazón desprendido.

Existen muestras de cómo dar es también el sentido a una vida. Por citar dos ejemplos que me han impactado últimamente, me refiero a dos héroes de nuestro tiempo: Jaume Sanllorente, fundador de la ONG Sonrisas de Bombay (http://www.sonrisasdebombay.org/), y Muhammad Yunus, el llamado «banquero de los pobres». Ambos han hecho de la entrega a seres humanos necesitados una gratificante y generosa forma de vida.

Pude saber de la hazaña de Jaume a través de su testimonial libro *Sonrisas de Bombay El viaje que cambió mi destino* (referenciado en la bibliografía). Es un joven catalán que, en un viaje de placer a la India, tras sentir una inmensa compasión por los intocables de Bombay, experimentó la responsabilidad de ayudarles directamente. Leí su obra de una tirada, porque no podía parar ante la narración trasparente, bella, altruista y honesta de este joven periodista que ha dado su vida plena por los más necesitados de Bombay. Ni una gota de «tener» y todo un océano de «Ser». Da amor, porque está pleno de amor. Su ONG ofrece, hoy día, educación a millares de niños intocables y asistencia sanitaria y atención a leprosos.

> «Es cierto que los Gobiernos tienen mucha responsabilidad en la situación del mundo, pero nosotros no nos podemos quejar del mundo, siendo parte del mundo»,
> *dice Jaume en una entrevista.*

Me fascinó igualmente un documental en el que, Muhammad Yunus, el banquero de los pobres, fundador del Grameen Bank y Premio Nobel de la Paz 2006, relataba cómo su único fin era la erradicación total de la pobreza. Comenzó prestando veintisiete dólares, de su bolsillo, a cuarenta y dos habitantes de una aldea de Bangladesh:

> «Su solución a la pobreza en el mundo, fundada sobre la creencia de que el crédito es un derecho humano fundamental, es de una brillante simplicidad: presten dinero a las personas pobres, fomenten una serie de principios financieros sensatos que regulen sus vidas y ellas se ayudarán a sí mismas».
> (del libro, *El Banquero de los pobres*).

Su iniciativa ha proporcionado más de 2.500 millones de dólares en micropréstamos a más de dos millones de familias. La mayor parte de los clientes son mujeres, y el índice de reembolso de los préstamos es casi del 100 por cien. Este modelo está imitándose por muchas partes del mundo.

Ayudar es ayudarse; las personas que dedican su vida a estas causas tan nobles coinciden en que no hay diferencia alguna entre dar y recibir. Dedicarte a hacer efectiva alguna faceta con la que puedes alegrar la vida a otras personas es una prueba de hermandad y desprendimiento. Haz pequeños ensayos y observa los resultados. Si has sentido la llamada del «despertar» tienes una gran responsabilidad, no sólo con tu vida, sino también con la de todos, pero esa responsabilidad es un aliciente hermoso para vivir.

Capítulo 4
Estás trabajando tu sueño

* PERÍODO PARA LA VISUALIZACIÓN Y EL SILENCIO

* LA PLANIFICACIÓN DE TU IDEA

* LO ESTÁS CONSIGUIENDO

Capítulo 4
Estás trabajando tu sueño

Si has construido un castillo en el aire, no has perdido el tiempo, es allí donde debería estar. Ahora debes construir los cimientos debajo de él.

George Bernard Shaw

Ya te has puesto manos a la obra. Ha llegado la hora, porque tienes una conciencia clara de que de ti depende llevar a cabo tu sueño, que formas parte de un proyecto integral en el que cuanto más igual te sientas a tus semejantes más fácil te resultará efectuarlo, más se incrementará tu capacidad para innovar y mejor te encontrarás contigo mismo. Es el momento de amarrar el torrente de ideas que ya brotaron en el inicio entusiasta de tu ideal de vida, de consolidar tu plan y de creer firmemente que lo que has trabajado dentro se va a manifestar fuera. Sientes tu poder, sabes que puedes, porque has conseguido algo fundamental, la confianza en ti.

Sólo tú sabes cuál es el momento más idóneo para lanzarte a tu aventura, así que no tienes por qué estresarte, angustiarte ni verte presionado. Puedes ir paso a paso; nadie te está marcando el camino. Ya has entendido, pues, gran parte del mensaje: puedes llevar la vida que quieras, repítelo:

¡Lo estoy logrando!
¡Tenía un sueño y lo estoy haciendo real!

Ahora cuenta tu compromiso y dedicación, porque nada se te regala si no te esfuerzas para obtenerlo. ¿Cuántas veces te ha sucedido que has sacado provecho a un trabajo que te costó un gran esfuerzo realizar, y que, tras haberlo abandonado porque en ese momento no le veías utilidad, al cabo del tiempo, te resulta muy productivo? Puede que el uso que le dieras posteriormente fuera distinto al inicial, pero seguro que para algo te sirvió la labor realizada. Cualquier arresto, antes o después, tiene recompensa. A veces, la pereza nos puede, pero la comodidad momentánea, a la larga, repercute en nosotros. Todo el mundo quiere ser especial, distinto, prosperar, pero no todos nos empeñamos lo suficiente o no somos constantes. Sin embargo, si queremos, podemos.

En este último capítulo se hace referencia a la influencia y la fuerza de los pensamientos y la imaginación en la consecución de nuestros fines, así como a la necesidad de autoimponerse una disciplina, que deja de ser tal cuando se produce el milagro de dar con lo que atrae nuestro interés. Forzarnos a hacer algo por el mero hecho de conseguirlo, de superarse, puede suponer un tremendo gasto de energía, que puede llegar a ser agotador. Sin embargo, si la fuerza de voluntad se emplea en lo que te deleita, el trabajo ya no lo es tanto. Hay que poner la inteligencia a nuestro servicio para descubrir los secretos que nos llevan al tesoro de la realización personal y trabajar en ello mientras lo disfrutamos.

PERÍODO PARA LA VISUALIZACIÓN Y EL SILENCIO

El silencio es el elemento en el que se forman todas las cosas grandes.

Thomas Carlyle

Antes de ponerte en marcha, es muy útil llevar a cabo un proceso de visualización (que no tiene por qué practicarse en un momento concreto, sino que puede iniciarse desde que sabes lo que realmente «persigues») en el que imagines cómo llevarías a efecto todo lo que tienes en mente, tal cual te gustaría que se desarrollara. La mente crea la realidad y el universo es nuestro aliado, porque nos ofrece una interminable secuencia de sueños para que elijamos el que nos haga sentirnos cocreadores del mundo; el desafío personal es poner nuestra atención en uno de esos sueños y alimentarlo, deseando que se cumpla; después, hemos de dejar que así sea, sin entorpecerlo con los miedos que ya hemos afrontado o, al menos, identificado.

Aquello en lo que más nos empeñamos mentalmente es lo que se manifiesta de forma más certera en el campo físico, en lo que denominamos «vida real», pero que comienza mucho antes de que se presente ante nuestros ojos. Tenemos una facultad impresionante para dar paso a lo que pensamos: el proceso y lo que le circunda. Podemos idear, incluso, la trascendencia o el impacto del cambio de trayectoria en nuestra vida cotidiana. Somos capaces de dirigir si, con nuestro desarrollo, queremos que se modifiquen también nuestras costumbres, nuestro tipo de vida, o si deseamos continuar manteniendo ciertas «rutinas», sin que la realización personal distorsione la calma existencial. Podremos «vernos», por el contrario, rompiendo esquemas y llevando un día a día totalmente diferente a lo acostumbrado. Todo lo que pensemos y persigamos con determinación será. Esto puede parecer una fantasía, pero, a medida que se va manifestando en el exterior dejamos de desconfiar en la voluntad y la fuerza mental. No hay que dejarse arrastrar por esas frases demagógicas de quienes están empeñados en que no hay magia en la vida: «Sí, hombre, y si pienso que me toque la lotería, me toca...», apostillan con ironía. Ese proceder es sólo un escudo para no afrontar que tienen prácticamente todo en sus manos. La ley de la atracción funciona cuando te crees merecedor de lo que debes conseguir, porque, en primer lugar, has trabajado sobre ti para conocer tus capacidades y tus propósitos, y, en segundo, porque has puesto todo tu esfuerzo y tu emoción en ello. De nada sirve que pienses o evoques afirmaciones si no estás convencido de ellas, o si lo único que esperas es que te llueva la fortuna y la suerte del cielo. Tampoco va a resultarte eficaz que reclames lo que necesitas si estás más enfocado a lo que te falta. Ese es uno de los mayores obstáculos.

Como indica el neurocientífico Marcus Raichle, «La mayor parte de lo que vemos, lo construye el cerebro». La neurología y la física cuántica han llegado a algunos resultados comunes sobre la gran relación entre lo que se piensa y lo que sucede; cuando imaginamos algo el cerebro responde de la misma forma que si lo estuviera viendo realmente. El cerebro, como se ha apuntado ya, puede cambiar siempre, por lo que nuestra vida puede hacerlo también.

Tenemos la oportunidad, pues, de ir dibujando serenamente las imágenes mentales de nuestra idea, trabajarla con la firmeza de que se va a disfrutar el proceso pausadamente. Esto es lo que se denomina técnicamente «visualización creativa»: vives las emociones que advertirías si ya lo estuvieras poniendo en práctica. Uno de los ejemplos que se utilizan para explicar de una forma comprensible el poder de lo mental en lo material es imaginarte chupando un limón y comprobar que, sólo a través de ese ejercicio de imaginación, las glándulas salivares funcionan como si la acción se estuviera realizando. Se activa la misma zona de tu cerebro que se estimularía si lo chuparas literalmente, porque el cerebro no diferencia entre realidad y ficción; simplemente recibe órdenes y se prepara para cumplirlas. Lo que imaginas es una fuente poderosa en la realización o la paralización de tus deseos.

Clarificada tu mente, dibujada tu nueva vida y dispuesto para lo que ha de venir, ahora, probablemente necesites hacerte un regalo: soltar el control, distanciarte del resultado. Consentir que lo que has imaginado que suceda:

Cuando conocen la poderosa Ley de la Atracción,
muchas personas toman conscientemente la decisión
de tener más control sobre sus pensamientos
pues comprenden el poder de prestarle atención a algo.
(...)

> *Pero existe una forma mucho más sencilla de acceder a la Creación Deliberada de tu propia experiencia y de realizar tu propósito para esta vida gozosa: la comprensión y la aplicación del arte de PERMITIR. Se trata de guiar cosciente y amablemente tus pensamientos en la dirección de las cosas que deseas. Cuando empiezas a entender este poderoso Río de la Vida que te estamos explicando, y logras vislumbrar parte de la totalidad de quien-eres-realmente, y lo más importante, cuando estás convencido de que tu verdadera función simplemente es volver a sintonizar con quien-eres-realmente, el arte de Permitir se convierte en algo natural para ti.*
>
> Esther y Jerry Hicks

Tómate el tiempo que precises para que se asiente y se manifieste todo lo que has elaborado internamente, o lo que ya has emprendido físicamente; aparta tus pensamientos nocivos y abre un hueco para que todo vaya posándose con serenidad, sin la inquietud que pudiera producirte el ritmo acelerado de acontecimientos novedosos.

Soltar el control forma parte también del necesario proceso de desapego. A veces nos aferramos con tanta fuerza a lo que tenemos entre manos que impedimos su movimiento natural. Para continuar evolucionando hay que dejar descansar nuestras expectativas. Nada de lo que sucede es casual, sino causal, así que es preciso fiarse de la vida y disponer un período para la meditación, la contemplación o la calma, para el asentamiento sosegado. Es un descanso similar al que el artista realiza cuando, entre el boceto de una obra y su borrador casi definitivo, precisa esperar un período para que su mente pueda prepararse para verlo desde una nueva perspectiva y analizar la posibilidad de mejorarla o rehacerla.

Si nos cuesta soltar las cadenas, aunque sólo sea temporalmente, es un claro indicativo de que precisamos este sosiego para continuar con paso firme. Hay que tener paciencia, aun cuando la exaltación inconsciente del momento de cambio nos empuje a querer avanzar con celeridad. Esta demora no es el final, sino una parada para tomar aliento.

Existen etapas y momentos en la vida en los que es muy necesario escucharnos. Hay demasiado ruido fuera, que trasladamos dentro de nosotros. En una ocasión, vi un documental en el que unos monjes de clausura contaban sus experiencias personales; qué era lo que les había inducido a encerrarse. Me interesé por ello, porque siempre le he dado mucho valor a una decisión de ese calibre, una ruptura con la sociedad y el bullicio, para quedarse, de por vida, en un espacio tan limitado. Uno de los monjes exponía cómo un día, en su anterior estado, volvía en el autobús del trabajo y se detuvo a pensar en sus circunstancias, lo que hacía cada día, sus rutinas, el trasiego de la ciudad... y se preguntó: ¿Esto es la vida? En el convento había encontrado la paz que necesitaba. Cada vez que salía a la calle, para ir al médico o a cualquier otra tarea ineludible, veía a jóvenes que escuchaban música con los auriculares, mayores con la radio, la televisión a todo volumen... Comprobaba también que quien estaba solo hablaba por teléfono sin parar o era incapaz de degustar solo un plato tranquilamente en un restaurante, sin tener la mente ocupada en la lectura de un diario. No había lugar para el silencio y menos para la paz mental. Su explicación me hizo reflexionar:

> ¿Quién vive en espacios limitados?
> ¿Quién está encerrado y quién libre?

El silencio puede ser también activo, complementario, dedicarnos a la lectura o al análisis de otras experiencias, al aprendizaje de quien ya ha pasado por un proceso de maduración personal, sin ánimo de plagiar, sino de aprender.

Los hechos constatados en otros nos sirven de orientación para reorganizar nuestro laberinto. Todo esto es madurar para saber lo que precisamos para que la vida se nos haga amena y tenga más sentido (aunque el sentido de la vida ya lo es vivirla). Y del ejemplo se aprende más que de la palabra, aunque la palabra sea, a veces, la única y valiosa herramienta para tener al alcance ciertos ejemplos de vida.

LA PLANIFICACIÓN DE TU IDEA

El hombre que pretende verlo todo con claridad antes de decidir nunca decide.

HENRY F. AMIEL

Lograr un cambio efectivo requiere la organización de los distintos pasos. Es fundamental continuar con la inquietud y dedicación necesarias para que tu entusiasmo no se convierta en humo y tu idea no se la lleve el viento; quienes se quejan de todo también le dan muchas vueltas a todo, pero no actúan; los que consiguen sus fines, planean y actúan.

Uno de los aspectos que te van a permitir organizarte adecuadamente es tener la certeza de que los pensamientos ya no van a distorsionar tu acción, porque has entendido que les dabas más importancia que a ti mismo, y que eso no tiene razón de ser, porque eres tú quien los piensas; no «te piensan ellos». Ahora los manejas para tu beneficio:

Los problemas existen, pero mi mente está libre de problemas. Entonces, puedo enfrentarme a los problemas.

KRISHNAMURTI

Tienes la ventaja, asimismo, de haber sabido demostrar un profundo agradecimiento sólo por el hecho de vivir, y ya no te lamentas sin motivo, sino que actúas, te comprometes y vives conforme a tus gustos. Es la etapa de la seguridad en ti mismo y de la disciplina vinculada al presente. Estás en un punto crucial y feliz, porque, a partir de este momento, vas a ir probando las mieles de la vida plena (incluso en momentos de sobreesfuerzo o de conflicto en el exterior).

Disciplinarse supone actuar de una manera ordenada y comprometida, tanto en el ámbito material como en tu fuero interno. Siempre hemos tenido el concepto de que resulta más difícil autoimponerse unas normas que acatarlas cuando la orden procede de fuera; nos creíamos marionetas al son de quien pretendiera mover los hilos que nos enganchan a la vida. Sin embargo, a estas alturas ya hemos dejado a un lado este concepto y estamos totalmente convencidos de que la eficacia del proceso depende de nuestra propias directrices, y que, además, constituye un recorrido mucho más placentero y flexible. Experimentarás un gran regocijo al pararte a pensar en lo que estás emprendiendo y en el deleite que te irá aportando su desarrollo. En los momentos más inesperados, por ejemplo, cuando estás haciendo algo que demanda tu cotidianeidad, te adviene una ráfaga de alegría, que procede de recordar que lo que guardas como algo tan tuyo que inunda todo tu ser, porque sólo de ti ha partido, está madurando y no tiene límites. Es una plegaria íntima de agradecimiento por haber encontrado el camino. Seguro que tú, si eres de los que compartes conmigo el placer de dibujar fantasías y realidades con la palabra, sabrás de ese hormigueo en el estómago, esa sensación de euforia a la que la imaginación te lleva, mientras el cerebro bulle creando imágenes mentales de vida a la que puedes dar forma finalmente con el movimiento de tus dedos. Vivirás también la emoción que procede de guardar, en lo más profundo, un secreto que contar y que de ti depende que deje de serlo, de ti el momento de hacerlo, la manera de adornarlo y la difusión que quieras darle. Y hay algo determinante para que tus palabras trasciendan, lleguen y tengan la proyección que sueñas: la coherencia entre lo que escribes y vives y, sobre todo, la confianza en tus propias posibilidades:

> *Si no quieres perderte en el olvido tan pronto como estés muerto y corrompido, escribe cosas dignas de leerse, o haz cosas dignas de escribirse.*
>
> BENJAMIN FRANKLIN

En cualquier proceso creativo o emprendedor, la perseverancia, el no rendirte ante las dificultades, viviéndolas como situaciones factibles de resolver, unidos a la creencia en la viabilidad de tu plan, revertirán inmediatamente en los resultados. Es una secuencia que se va desgranando milagrosamente: un logro te llevará a la consecución de otro y dejarás de desconfiar de la realización de los sueños para experimentarlos intensamente.

Llevar un método de trabajo continuado, aunque sin excesivo celo, va atrayendo el orden a tu vida. Es curioso experimentar que, mientras todo se va ubicando en tu interior, de forma simultánea, se coloca también fuera de ti; algo tan trivial como los objetos que hay a tu alrededor (papeles del trabajo, cosas de la casa...), o más complejo, como las relaciones personales, ocupan su espacio. Vives una especie de armonía integral, que parece haber llegado aparentemente por sí sola, pero eres tú y tu actitud la que la han propiciado. Has dado intensa Vida a tu vida y Ella te acompaña, y te toma cálidamente de la mano.

Si, por el contrario, sufres accidentes, si enfermas, si se te rompen o pierdes objetos, si tienes enfrentamientos, si no te cuadra lo que vives con lo que deseas vivir, si ves sólo el drama de la vida, si no encuentras soluciones a tus conflictos, entonces, aún debes seguir trabajando en ti, porque siempre toda solución está en ti, que llegará, junto al éxito, cuando hayas aprendido las lecciones de vida que necesitas. Has de asumir también que tendrás recaídas que te harán sentir tu flaqueza. Sin embargo, sólo con haberte mentalizado y haber dedicado tiempo y esfuerzo a hacer realidad tu anhelo has llevado a cabo una parte importante de su cumplimiento; recordarlo te ayudará a seguir en la dirección propuesta.

La pasión por lo que haces es otra de las causas y, a su vez, consecuencias de ir obteniendo más logros y un estado de paz. Eres actor y espectador de tu proyecto de vida: tienes ante ti una obra de arte, te encuentras viviendo en pleno monte, como siempre habías querido, o trabajando, por fin, para ti; dedicándote a ayudar a personas más necesitadas, o sabe Dios a cuántas y cuántas actividades placenteras que puede emprender el ser humano desde su magnanimidad.

Recorremos el sendero de la vida transitando hacia lo desconocido, y eso es lo que le da misterio y profundidad. Es apasionante ir descubriéndolo y percibir el silbido de vida profundo que nos deja oír las notas a medida que necesitamos escucharlas. Hemos de estar atentos a la melodía de esas notas y a las señales que van presentándose, al tiempo que nos fijamos unos períodos de «trabajo» concretos y escalonados. Puede restarle lirismo al asunto el hecho de que un sueño deba «organizarse», pero cuando las cosas son demasiado abstractas terminan perdiéndose en esa misma imprecisión, y lo que nunca debemos permitir es que una idea se diluya por habernos aferrado demasiado a los resultados, pero tampoco por no haberla siquiera fraguado.

Los plazos de trabajo no deben abarcar un período de tiempo tan prolongado como para que la distancia entre lo que hemos decidido y el momento de verlo hecho realidad sea tal que nos haga caer en la indecisión. Quizá en ese período podrían surgirnos los contratiempos «necesarios» para que parezca que se derrumbe todo, que no tenga sentido. Siempre encontraríamos algo más «urgente», que nos distraería. No es bueno dejar trascurrir demasiado tiempo sin actuar e, incluso es conveniente comenzar a hacerlo desde la incertidumbre; es decir, fuera de un control que nos llegaría a fatigar.

A veces, se establecen objetivos no realistas que nos llevan al estrés ante la imposibilidad de su consecución; otros plazos son demasiados relajados, llegándose excesivamente tarde a los resultados. Es preciso actuar en consonancia con nuestras posibilidades, pero sabiendo la importancia de combinar imaginación, intuición, lógica, incertidumbre y esfuerzo. El equilibrio, el centro, es el asiento del desarrollo eficiente. Así que es fundamental vivir «el ahora» (el «lugar» donde encontramos equilibrio) también en la planificación, e ir constatando que pequeños pasos suponen un avance definitivo. Siempre sin agitarse, porque la impaciencia es una falta de respeto para con uno mismo. Cuando estamos en esa dinámica, fuera del presente, en la que sentimos que el tiempo nos está empujando o pisando incesantemente los talones, cuando vivimos intranquilos por algo que esperamos o deseamos, y que debemos coger al vuelo, hay algo que hacemos mal. Estamos alimentando la idea de escasez que hemos ido adquiriendo a lo largo de nuestra vida, impulsada desde fuera, frente a la de abundancia con la que nacimos. Esa no es la finalidad de una planificación, sino todo lo contrario, debe servir para actuar con confianza.

A estas alturas, ya estamos seguros, si no certeramente al menos sí a grandes rasgos, del mar que deseamos atravesar. Ordenar las ideas nos dará la serenidad precisa para caminar con paso firme. Resulta muy útil, por ejemplo, poner sobre el papel lo que deseamos emprender, primero de modo general, y después precisando, detalle a detalle. Te admirarás de lo que eres capar de extraer de tu imaginación; te costará creer que eso que acabas de exponer ha salido de ti; sentirás cómo el revoltijo de ideas que te ronda por la cabeza se está fijando y emplazando milagrosamente. Es el «plan de negocio» de tu vida. Déjalo reposar el tiempo que consideres conveniente y visítalo las veces que lo requieras para ampliarlo, corregirlo u observarlo desde distintos ángulos. Cada vez que lo retomes te sentirás orgulloso de hacerlo porque comprobarás que vas obteniendo pequeños premios y que te llegan las ideas que exactamente necesitas en cada momento. Tener algo tangible, escrito y definido te dará tranquilidad. Las grandes ideas en el aire, sin estructurar, pueden ser motivo de desasosiego. Parece mentira que algo tan prosaico y sencillo como una hoja de papel llena de palabras pueda tener el significado que le estoy dando, pero esa hoja es uno de los contratos más importantes de cuantos vayas a firmar en tu vida. Es un pacto que puedes renovar las veces que quieras, tantas como desees recrear tu propia vida. Cambiar las cláusulas o mantenerlas es tu decisión:

> *Escribir nuestros deseos en una cuartilla supone formalizar nuestro compromiso. Imagínese el placer que le reportará conseguir algo que usted se marcó. En caso contrario, no importa. La felicidad está en el camino, no en la meta. De usted depende pasar el resto de su vida siendo el crítico lector de su pasado o el brillante escritor de su futuro.*
>
> Del artículo «La magia de un papel en blanco»,
> de Jesús Vega

Conviene renovar periódicamente esa carta de los sueños (por ejemplo, una vez al año), porque supone la representación gráfica de lo que es nuestra vida y lo que deseamos que sea. Dicen que uno tiene la prosperidad que cree merecer, así que el primero de los deseos de esa lista ha de ser siempre el de mantener la confianza en ti. Lo demás será prácticamente el resultado de ello.

Comprometernos con nosotros reduce la confusión y el caos. Así que, no hay que limitarse sólo a esta práctica inicial de escribir nuestro plan y reescribirlo periódicamente, sino que también debemos sellar este compromiso cada día: créetelo, dítelo y lo tendrás. Siempre y con firmeza. E imagínate superándote a ti mismo, plantéate lo que puedes llegar a conseguir desde un nivel superior a aquél en el que te encuentras ahora. No te bases sólo en lo que puedes desarrollar en el momento de la planificación, sino que ve más allá con la intención, porque no hay nada imposible. Una vez que comprendes las posibilidades que hay en ti, serás lo que quieras ser. No importa las veces que tengas que rectificar o repetir las cosas, porque en cada momento de dedicación vas encontrando la solución adecuada.

Dirigido hacia aquello para lo que estás capacitado, verificarás que influyes positivamente en otras personas. Los emprendedores y entusiastas despiertan lo más floreciente de los seres humanos. De la misma manera que la pasividad de ciertos ambientes invita a la inmovilidad, la alegría de vivir también se contagia, porque ofrece modelos sólidos en los que se fijan quienes tienen una personalidad menos vibrante, y precisan estímulos externos para reedificarse.

LO ESTÁS CONSIGUIENDO

Cualquier actividad en la que alcances la excelencia contribuirá a tu alegría.

BERTRAND RUSSELL

Tal vez conozcas a muchas personas que, en algún momento de su vida, comentan lo que ellos hubieran llegado a ser si hubieran tenido tal o cual oportunidad, si la vida les hubiera tratado de otra forma o si dispusieran de más tiempo para demostrar todo lo que tienen dentro. Puede que todos lo hayamos pensado en algún momento; siempre guardamos alguna frustración por lo que hubiéramos podido desempeñar y no nos hemos atrevido, no hemos encontrado la ocasión o consideramos que no se han dado las circunstancias apropiadas para ello. Sin embargo, cuando retrocedemos mentalmente y nos enfocamos excesivamente hacia lo que ya no tiene arreglo, nos expresamos desde el fracaso, y normalmente tratamos de convencernos de que fue provocado por algo en contra de nuestros deseos.

Pero, tras un proceso de autoconfianza y motivación, tendremos la certeza de que prácticamente todo está a nuestro alcance; comprobamos que la fortuna hay que buscarla y que, cuando lo hacemos, nos sentimos esperanzados ante el futuro, porque estamos en disposición de dar y de actuar, en lugar de reprocharnos. Hemos restado poder al ego y lo que vamos desempeñando surge como resultado de nuestro nuevo estado de conciencia, que nos lleva a realizarnos personalmente desde la universalidad y para el bien común; ese es nuestro mayor triunfo. Y con esta perspectiva, experimentamos el bienestar no sólo a través de pequeñas pinceladas de euforia que nos «salvaban» momentáneamente. Antes nos excusábamos creyendo que la felicidad estaba cimentada sólo en pequeños detalles, y así tranquilizábamos también a quienes nos escuchaban, que asentían con la cabeza, creando, entre todos, una atmósfera de conformismo estéril. La realidad es diferente; los pequeños momentos nos hacen felices, sí, pero podemos ser felices en todo momento. Desde el despertar a la vida que deseamos o, lo que es lo mismo, desde el encuentro con nosotros mismos, incluso lo que va acaeciendo de «negativo» en nuestro devenir nos hace sentir vivos y capaces de afrontarlo con el ánimo suficiente para trasformarlo. Podrán sucedernos acontecimientos de diferente cariz, pero nuestra mente está serena y lúcida. El secreto es que la alegría de vivir está en ti; eres tú. Con este convencimiento, es muy confortable acomodarse en uno mismo y sentirse totalmente protegido.

En esta etapa en la que estás logrando otra forma de vida más adecuada a tus preferencias (bien porque has explotado tu talento, porque has desatado tu espíritu emprendedor o porque has tenido la valentía de pensar por ti mismo y te has alejado de las tradiciones o de las circunstancias conocidas) tal vez resultes incómodo para quien te conoce desde siempre, y no sepa entrever tu transformación como algo positivo. Esto es, hasta cierto punto, normal, porque tiene que experimentar un proceso paralelo de cambio para entenderte, aun cuando no comparta tu proceso; si perseveras con decisión verificarás que tu consistencia actúa como un imán y quienes, en principio, no creían en ti o les costaba admitir tu progreso, poco a poco, lo irán asimilando y te irán acompañando. Dales tiempo. Y si, finalmente, alguien no tolera tu vuelo, ten muy presente que es un problema exclusivamente suyo. Mantente al margen de sus percepciones y piensa que quizá lo haga inconscientemente, porque ya sabemos que no todos evolucionamos del mismo modo. Continúa creyendo fervientemente en ti, porque esa es tu mayor fuerza para que las influencias externas no hagan mella en ti. Has cimentado la base de tu peculiaridad, de lo que te distingue. Persevera en tu realización.

En el viaje hacia un nuevo destino nos sentimos guiados por numerosas señales, de las que sólo nos percatamos si actuamos con honestidad; de otro modo, las señales están ahí, pero probablemente no las reconozcamos o pasen inadvertidas. A veces, tendremos la sensación de que no puede ser cierto lo que se presenta ante nosotros, lo que surge como un lazo que nos recoge de entre las dificultades para echarnos una mano, los regalos que se nos ofrecen sin esperarlos, porque todo esto parece estar fuera de la lógica; sin embargo, encaja todo de tal forma que adviertes que la vida te ayuda, que camina paralela a ti, y que ahora ya comprendes lo que significa ser una persona «con estrella».

Se producen verdaderos milagros, que normalmente tendrán lugar como consecuencia de la acción de compartir tu don, tus descubrimientos y de percibir a cada ser humano como una continuación de ti mismo. Y, en el camino, te vas encontrando con personas, entornos y circunstancias que te indican que «todo sucede por algo». Entiendes, pues, que lo que Jung denominaba sincronicidad, o la relación paralela entre el inconsciente y los hechos exteriores, realmente se está manifestando; te das cuenta de que vives la confluencia de circunstancias de dentro y de fuera inicialmente inexplicables, pero que tienen mucho sentido y que, de otro modo, podrías achacar erróneamente a la suerte, o a la coincidencia, sin más; sin embargo, las percibes porque estás atravesando un momento personal idóneo para su revelación.

El milagro se presenta a través de acontecimientos «fortuitos; casualidades que van diciéndote que no sólo se está haciendo efectivo tu sueño, sino que también mereces que así sea. Y todo eso se te presentará porque tu mirada es ahora cristalina: todo es más fácil (el trabajo «duro» ya lo has hecho; te has responsabilizado de ti) y sabrás llevar tu nueva vida desde la calidad y la humanidad. Resultarás ser una persona satisfecha, sin que se hayan dado sucesos trascendentales fuera de ti. Todo lo extraordinario que te está pasando es la derivación de las consistentes raíces que has plantado en tu interior.

El equilibrio procede de la unión contigo mismo y, entonces, además de ver cumplido tu sueño, fluyes, vives experiencias que dan significado a tu paso por el mundo; aunque resulta difícil describirlas con palabras, por su carga emotiva, creo que tal vez pudieran resumirse así:

— Sientes destellos fugaces de creatividad, que te empujan a ser y hacer con sumo placer lo que estás llamado a ser y hacer.
— Eres capaz de disfrutar de tu nuevo modo de vida, de tu afición o actividad elegida sin que sientas el trascurso del tiempo.
— Vives en ti, pero no tienes tiempo de preocuparte por ti ni por tantos desvelos que antes te producían ansiedad. Ahora no te preocupas porque te ocupas.
— Llegan oportunidades que nunca pensante alcanzar antes de tu revolución personal.
— Todo se va articulando, y entiendes el porqué.
— Estás en permanente estado de apertura a nuevos horizontes.
— Compartes y no temes perder, porque en ello siempre ganas.

- Sueñas despierto y lo mejor es que sabes que ese sueño se está cumpliendo.
- No le temes al fracaso, porque siempre aprendes.
- Tu imaginación se desborda.
- La capacidad para idear, organizar y gestionar tu don o tu carácter emprendedor se multiplica.
- Te emocionas ante cualquier atisbo de creación, proceda de ti o de otras personas.
- Identificas talentos ocultos en otras personas y tratas de impulsarles para que disfruten también de su energía creativa.
- Te ves como parte de un todo perfecto y armónico, en el que cada detalle tiene algo de sagrado.
- Tu edad preferida es la que tienes, tu espacio ideal es en el que te encuentras y tu bienestar está donde tú vas.
- Estás francamente bien de salud, porque el cuerpo responde satisfecho cuando, desde el alma, eres fiel a ti, cuando has fusionado lo espiritual y lo material.
- Eres un foco de esperanza para otras personas que reciben tu ayuda desde tu «yo», y que ya están nadando en las mismas aguas. Los hilos que tejen la vida os van uniendo.
- Captas el sentido de las cosas desde «arriba» y, por tanto, sabes digerir con más claridad los problemas y las soluciones.
- Y vas progresando en la medida en que quieras hacerlo, sin que tus deseos sean más potentes que tu voluntad. Vas acompasado y avanzando, sin que el esfuerzo sea tal, para mejorar lo que has construido.

De manera simultánea, se despierta más en ti el espíritu de comunión y fraternidad y te percibes igual a todos los seres humanos, te complace ver acciones que se llevan a cabo desde la generosidad. Y sientes una gran compasión por la gente que sufre y la responsabilidad de paliar ese dolor en la medida de tus posibilidades. No obstante, ya lo estás haciendo desde el trabajo contigo, porque, de entrada, ya eres un conflicto menos para el mundo.

A través de tu proceso de renovación interna, le has dado una bofetada a la indiferencia. Has hecho que tu verdadero «yo», que estaba apagado, recobre la luz.

A partir de ahora, tu vida será dinámica, nada aburrida, innovadora. Y, dado que has detectado que todo depende de tu actitud y de tus elecciones, vivirás con la seguridad de poder seguir descubriendo lo más íntimo y valioso, modificando lo que necesites en cada momento y con el convencimiento de que la mejor forma de continuar atrayendo prosperidad a tu vida es mediante la gratitud y la generosidad, que, en definitiva, es lo mismo.

Lo más emocionante es experimentar el placer de hacer lo que te seduce, porque lo que sucede fuera es la dimensión material del vigor que reside dentro de ti. El sentimiento es de serenidad, no tanto de euforia; el ego ha dado paso al ser para que tome asiento y disfrute. Le has dado vida a tu vida. Te has situado justo donde querías hacerlo; a partir de ahora, sólo podrás seguir avanzando y cumpliendo intensamente el más importante de los cometidos: VIVIR, y hacerlo a tu manera.

Epílogo:
Una síntesis, a modo de guía

Seguro que albergas en ti la certeza de que puedes desarrollar capacidades personales de las que aún no has gozado o despertar sueños que te harán vibrar con la vida. Quizá te sientas con pocas fuerzas para dar el salto, porque todos atravesamos etapas de fortaleza pero también de flaqueza, incluso en un mismo día, pero llegará ese instante mágico en el que te convenzas de que posees una inmensa fuerza en ti, capaz de sortear todo tipo de situaciones hasta llegar a una vida plena.

> *La única manera de que un músico, un artista o un poeta estén en paz consigo mismo es que toquen, pinten o escriban. Los hombres tienen que ser lo que pueden ser.*
>
> ABRAHAM MASLOW

Si he contribuido en algo al encuentro de tu tesoro me sentiré muy satisfecha y, a la vez, agradecida de que estés ahí, porque, mientras he plasmado mis reflexiones pensando en ti, he ido aprendiendo a tu lado.

En este epílogo he seleccionado y enumerado algunas sentencias que resumen el contenido de los temas abordados en el libro. Deseo que te sea útil. Lo deseo, de corazón.

Ahora me retiro y te dejo a solas para que… hables contigo.

Habla contigo

No hables tanto con tantas personas sólo por hablar.

Ellos no te están escuchando.

Porque saben que no hablas para ellos.

Saben que hablas sólo para ti.

Quédate a solas con tu silencio.

Es muy reconfortante.

Piensa en todo lo que has sido capaz de hacer a lo largo de tu vida.

Mírate, eres tan valioso…

Tienes tantas posibilidades de ser feliz con sólo explorar en ti…

¿Lo ves? Brillas.

Fíjate en el brillo de tus ojos. Los ojos lo dicen todo.

¿Estás bien contigo?

Pues, entonces, tus ojos brillan.

Has venido a la Tierra para algo más que para caminar impávido por ella.

Tampoco has venido para protestar por haber nacido.

No eres diferente a aquellos a quienes admiras, con los que te comparas, con los que te ves tan pequeño.

Eres grande, poderoso, lo tienes todo, eres todo.

Yo sí lo veo.

¿Quién te ha hecho creer que no es así?

¿Él? ¿Ella? ¿Ellos?

No les hagas caso.

Nunca hablaron consigo mismos.

Concha.

Capítulo 1
La orientación de tu vida

Si no sabes lo que quieres, tienes que aprender a adivinarlo, y toda la información la encontrarás en el mismo y único sitio: en ti.

DE NIÑO

Deben guiarte hacia la belleza de la vida.

DE ADULTO

Recobra la confianza en ti, conoce tus frenos, supéralos e identifica tu enorme poder creativo.

DE «MAYOR»

Aún estás a tiempo de vivir la vida que quieres.

DE NIÑO
Has de saber que…

1. La vida es satisfactoria.
2. Eres valioso y serás capaz de lograr lo que desees.
3. Necesitas «modelos» que sientan amor por sí mismos.
4. La base para tu educación positiva es el trabajo de las debilidades de tus mayores.
5. Como ser humano, mereces respeto.
6. Debe ser considerada tu particularidad.
7. Precisas dosis de afecto y disciplina en la misma medida.
8. Tu formación académica es importante, pero también la psicológica y la emocional.
9. El desarrollo de tu imaginación, espontaneidad e intuición traerán dinamismo a tu vida.
10. Una infancia equilibrada es el cimiento sólido de una vida plena.

DE ADULTO

Recobra la confianza en ti
Evalúa tus creencias y transforma lo que necesites.

1. Comprende que tus antepasados te han enseñado tanto lo que sabían como lo que desconocían.
2. Permítete sentir, emocionarte y abrir la puerta de la fantasía, no sólo la de la utilidad.
3. Puedes llegar a ser quien eres tanto desde un giro radical como desde un despertar sereno y gradual.
4. Para creer en ti debes hacerte muchas preguntas; dudar de lo que crees ser y, siempre que surja la necesidad, aventurarte hacia el cambio para tu mejora.

5. Es mejor sentirte inquieto y vacilante que pasivo, porque lo que te remueve interiormente te acerca a tu fuente de felicidad.
6. Pierde la vergüenza ante ti mismo y reconoce tu lado bueno.
7. Aprende a quererte, y recuerda que como te trates te tratarán.
8. Lo que te molesta de otros es lo que detestas en ti; lo que te gusta, lo que quieres potenciar. Acéptalo y avanzarás.
9. El encuentro con tu pureza y tu fuerza te hacen ver la bondad y fortaleza del resto de los seres humanos.
10. A veces, sin que te lo plantees, se irá dibujando la línea recta de tu vida.

Conoce tus frenos

¿Frenas tu expansión con el victimismo, el perfeccionismo, la comparación y el miedo a la opinión de otras personas? Pues debes saber que...

1. Aquello de lo que huyes es lo que más necesitas aprender.
2. Tus pensamientos son tus tiranos; no permitas que te esclavicen.
3. Eliges constantemente; incluso elegir no hacer nada, ya es elegir hacer algo.
4. La realidad es mucho más sencilla de lo que imaginas desde el victimismo.
5. La fuerza que te impulsó para salir de aquel «duro golpe» es la misma que puedes usar para llevar tu sueño a efecto: la sigues teniendo dentro.
6. La ansiedad por la realización de una idea o sueño te aparta del mismo proceso de creación.
7. La autoexigencia excesiva denota inseguridad y espera de reconocimiento externo: suelta el control y progresarás fluidamente.

8. No te preocupes si retrocedes, porque el camino hacia adelante nunca acaba.
9. Compararte con otros te conduce a una falsa idea de escasez. Hay para todos, así que mídete sólo con tu propia mejora.
10. Nadie, salvo tú mismo, te impide cumplir tus anhelos. Las personas que ves como un obstáculo tienen, al igual que tú, luz propia: desde la confianza te sentirás luminoso e iluminado.

Tienes poder creativo

Posees una fuerza inmensa que apenas utilizas.

1. La búsqueda de un nuevo tipo de vida precisa de tu recreación interna.
2. Posees cualidades y registros para llegar donde quieras.
3. Si sabes recibir y agradecer los elogios como regalos, es un signo de que posees un buen nivel de autoestima.
4. No tienes por qué llevar a cabo actos creativos que trasciendan, pero sí precisas creatividad en tu vida.
5. La rutina te aniquila; la innovación te vivifica y estimula.
6. Cuando tienes el coraje de diferenciarte abres la puerta del progreso.
7. Debes permitir que lo que estás llamado a ser... sea.
8. Vivir tu vida es ocupar el lugar que te corresponde, y así dejarás de ocuparte de las vidas de otros.
9. Puedes educar a tu cerebro a pensar de modo diferente, valiéndote de las experiencias vividas.
10. Deja salir tu energía creativa, y gozarás también de buena salud.

DE «MAYOR»

Dices no estar a tiempo de cumplir tus sueños. ¿A tiempo de qué? Al presente no se llega, se está en él, se es y se actúa.

1. La edad madura es ideal para poner en práctica las aficiones que no te permitieron llevar a cabo las obligaciones cotidianas.
2. El brillo no tiene edad, y sólo se apaga cuando das fuerza a tus pensamientos temerosos.
3. Sería poco inteligente que desaprovecharas la oportunidad de saborear lo que te queda por vivir.
4. Aunque seas cronológicamente «mayor» puedes tener una condición orgánica y psicológica muy joven.
5. Seguro que conoces a alguien por quien no pasan los años, sobre todo cuando perdura su capacidad para entusiasmarse y su deseo de aprender.
6. «La autonomía y la capacidad de decisión, de marcarte metas, prolonga los años de vida.»
7. Tu edad avanzada quizá te haga actuar con menos fervor, pero tu experiencia te aporta eficacia.
8. Eres mucho más que el cuerpo físico.
9. El tiempo es lo de menos; cuenta la intensidad con que goces de cada momento.
10. Alégrate de estar dejando un buen ejemplo de vida.

Capítulo 2
El valor de lo intangible

En lo más profundo de nosotros hay una fuerza inmaterial que nos une, y que es, igualmente, lo que somos, y cuando nos reencontramos con lo que somos hacemos lo que estamos llamados a ser y a hacer.

VENTAJAS DEL DESAPEGO

Si no te aferras a nada, lo tienes todo.

ECONOMÍA DE PENSAMIENTO

El pensamiento es útil para llevar la vida que deseas, no para ponerte impedimentos.

LA CONCIENCIA DEL PRESENTE

Dispones de todo el tiempo que necesitas.

EL SENTIDO DEL HUMOR

Explota esta potencia de la inteligencia.

VENTAJAS DEL DESAPEGO
Desde el desapego te liberas de todo, pero estás unido a todo.

1. Nada es tuyo y todo lo es; nada a lo que aferrarte y todo para gozarlo.
2. Tener cosas y rodearte de personas es bueno, siempre que tu felicidad no esté encadenada exclusivamente a ello.
3. Los objetos de tu interés superficial te aportan una sensación de plenitud tan pasajera como el tiempo que permanecen contigo.
4. En el desapego surge tu verdadera dimensión humana.
5. Desde tu libertad interior, lo más apasionante de la vida es vivirla.
6. Sin ataduras, has de consentir que emerja el estado de bienestar.
7. Si estás vacío de amor o de respeto por ti mismo reclamas amor de relleno, y nunca lo consigues, porque no actúas desde la generosidad.
8. En el desinterés vives con espíritu de abundancia.
9. No esperes ni pidas, sino recibe los obsequios de la vida y correspóndela con una actitud tolerante, enérgica y regeneradora.
10. «El mundo es un don, así que disfrútalo.»

ECONOMÍA DE PENSAMIENTO
La reiteración de pensamiento te distrae de tus propósitos.

1. La meditación sirve para ahorrarte pensamiento «sobrante», silenciar tu charla mental y dejar espacio para nuevas inquietudes.
2. Las ideas brillantes surgen tras la limpieza mental.
3. Medita observando los pensamientos, sin sujetarlos, dejándolos pasar.

4. El entrenamiento mental equilibra y cura tu mente.
5. Haz de la mente tu aliada y no tu enemiga.
6. Con la práctica de la meditación, los períodos de conciencia superan a los de inconsciencia.
7. Acostúmbrate a juzgar(te) menos y a observar(te) más.
8. Abre un espacio de libertad dentro de ti; después se manifestará en el exterior.
9. Medita para dar menos importancia a lo que piensas y más a lo que eres.
10. Despierta a una visión más amable y lúcida de la vida.

LA CONCIENCIA DEL PRESENTE
Dispones de un espacio y tiempo únicos e infinitos.

1. Recuerda lo útil y bello de tu pasado y planea tu futuro, pero vive en el presente.
2. Aprovecha las buenas y malas experiencias y aplícalas al ahora.
3. Obsérvate: ¿sueles estar en el tiempo equivocado (antes y después) y en el lugar impropio (fuera de ti)?
4. Sólo aquí sentirás la fuerza del amor intenso.
5. En el presente suceden las cosas, están las ideas y se desarrollan.
6. Hazte esta pregunta: ¿vivo, aquí y ahora, lo que deseo vivir?
7. La conciencia del presente te conduce a experiencias místicas desde la cotidianeidad.
8. Cuando te complace lo que haces vives el presente sin proponértelo.
9. Ser consciente del momento no te impide realizar planes o concretar metas, sino que tienen lugar como un proceso mágico, que emana de sí mismo.
10. La fusión con el instante te invita al goce de cada detalle.

EL SENTIDO DEL HUMOR

Aplica el sentido del humor en tu vida y harás uso de una de las más potentes herramientas de la inteligencia.

1. El placer de vivir está enlazado con el sentido del humor.
2. El humor posee el surrealismo de los actos innovadores.
3. Puedes convertir los marcos lógicos e inflexibles en otros imaginativos y poéticos.
4. Olvídate de la solemnidad, porque es miedo y estatismo: en ella se instalan las personas inseguras e inflexibles.
5. El buen humor te aporta ímpetu y creatividad.
6. Seguro que no sólo te alegras por tu triunfo, sino que también triunfas porque eres alegre.
7. El carácter alegre proviene de la paz de espíritu.
8. El sentido del humor es un refresco para la imaginación de los adultos, que te aproxima a la ingenuidad de los niños.
9. Trata de pasarlo lo mejor posible el tiempo que permanezcas en la tierra.
10. Tómatelo todo menos en serio y te alegrarás de estar vivo.

Capítulo 3
Siéntete el mundo

Tú eres una prolongación de mí y yo de ti, y ambos lo somos del mismo universo. Cuanto más conscientes somos es ello, más nos acercamos a nuestros propios objetivos y más contribuimos a que otros lleguen a ellos.

SOMOS IGUALES

Somos iguales, pero unos lo saben y otros no; los primeros llevan ventaja.

UNA ÓPTICA HOLÍSTICA

Cualquiera de tus elecciones individuales ejerce una enorme influencia global.

TIENES LO QUE DAS

Cuando das te lo das, y cuando recibes con agrado también estás siendo generoso.

SOMOS IGUALES
Eres uno más y, al mismo tiempo, distinto.

1. Tus ganas de superarte anidan también en otros seres humanos.
2. Tan distintos como parecemos, y tan semejantes como somos...
3. Si recelas de otros rompes la unidad del mundo.
4. Sentirte peculiar no es disgregarte, sino hermanarte.
5. La desunión de la humanidad no parte de la maldad sino del desencuentro interior.
6. Si tu sistema de creencias está basado en lo insustancial, tu vida puede tambalearse en cuanto algo se ponga en juego.
7. Enfrentarte a tus miedos y descender (o elevarte) a lo más profundo de ti te encauza hacia tu misión en la vida.
8. Desde la asimilación y comprensión de las acciones y reacciones del ser humano evitas la carga que supone vivir en competición.
9. Si comprendes que somos iguales vivirás conforme a tus deseos.
10. Libre de prejuicios, participas en la evolución de otras personas, las ayudas a ayudarse.

UNA ÓPTICA HOLÍSTICA
Eres parte del todo. Sentirte separado es sólo un espejismo.

1. La teoría holística defiende que la realidad es un todo, distinto de la suma de las partes que la componen.
2. El hombre es una unidad física, mental, energética y espiritual.
3. Todo es lo mismo, lo único que cambia es la forma material con la que percibimos cada cosa o cada ser vivo.
4. La naturaleza te ofrece un extraordinario ejemplo de unidad.

5. Desde el sentimiento universal serás un hombre nuevo, capaz de llevar a cabo tus planes.
6. De un simple «gracias» puede derivar una cascada de hechos positivos.
7. Del amor cósmico parte tu cometido.
8. Haz un acto de fe, y cree en la bondad de la humanidad.
9. Mediante tu desarrollo efectivo contribuirás a higienizar la parcela de mundo que ocupas, proyectando fuerza y optimismo.
10. Cambiar el mundo a través de tu evolución es una consecuencia de vivir íntegramente.

TIENES LO QUE DAS

Desde los niveles de conciencia más evolucionados sientes la necesidad de colaborar y de unir fuerzas.

1. El intercambio te trae más oportunidades de crecimiento.
2. La dificultad para compartir procede de un patrón de escasez que te impide prosperar y, por lo tanto, dar. Crea tu propio marco de prosperidad.
3. No confundas querer complacer con dar; lo primero, sin más sustento, denota falta de amor propio y lleva implícita la búsqueda de recompensa.
4. Pon tu generosidad en todo cuanto hagas, pero sé también generoso contigo; nunca sobrepases el límite en el que te hagas daño a ti mismo.
5. Estás aquí para llenarte de amor y repartirlo sin que medie el interés, no para llenar el vacío de nadie.
6. Desde la capacidad para compartir te interesarás por los conflictos del mundo.
7. Con generosidad, sientes la necesidad de contribuir al orden general.

8. Existen numerosas muestras de cómo la generosidad puede dar sentido a la vida.
9. «El éxito no consiste en cuánto dinero tienes ni en cuánto poder acumulas, sino en cuántos ojos haces brillar a tu alrededor.»
10. Ayudar es querer hacerlo. Ayudar es ayudarte.

Capítulo 4
Estás trabajando tu sueño

Es el momento de amarrar el torrente de ideas que ya brotaron en el inicio entusiasta de tu proyecto, de consolidar tu plan de vida y de creer con firmeza que lo que has trabajado interiormente se va a desarrollar en el exterior.

PERÍODO PARA LA VISUALIZACIÓN Y EL SILENCIO

Desea que tu sueño se cumpla, y deja que así sea.

LA PLANIFICACIÓN DE TU IDEA

Organiza tu proyecto y dedícale el tiempo y el «esfuerzo» necesarios.

LO ESTÁS CONSIGUIENDO

La valentía de cambiar tu estilo de vida te aporta el triunfo personal.

PERÍODO PARA LA VISUALIZACIÓN Y EL SILENCIO
Tu mente crea tu realidad.

1. El universo te ofrece un enorme surtido de sueños para que elijas el que más se adapte a ti.
2. Tu desafío personal consiste en poner tu atención en tu sueño y alimentarlo.
3. Puedes idear, incluso, el impacto de tu proyecto en el desarrollo de tu vida.
4. Todo lo que pienses y persigas con determinación puede cumplirse.
5. No te dejes arrastrar por las ideas demagógicas de quienes aún no perciben la magia de la vida.
6. La ley de la atracción funciona cuando te crees merecedor de lo que quieres conseguir.
7. Hazte el regalo de soltar el control, distanciándote del resultado que buscas.
8. El tiempo de silencio, en medio del proyecto, es una parada necesaria para tomar aliento.
9. Tras el descanso, eres capaz de ver nuevas posibilidades, y desde distintas perspectivas.
10. Tómate tiempo también para analizar experiencias de otras personas.

LA PLANIFICACIÓN DE TU IDEA
Lograr el cambio efectivo de tu vida precisa también organización.

1. Comprometerte con lo que te ilusiona no tiene connotación de carga, sino de diversión.
2. La disciplina es un atributo indispensable para tu éxito.

3. En medio del esfuerzo, sentirás un gran regocijo al pararte a pensar en lo que estás emprendiendo y en el deleite que te irá aportando su desarrollo.
4. Actúa de manera ordenada y responsable.
5. A veces puedes tener la sensación de que el compromiso te ata, pero, en realidad, te libera.
6. Llevar un método, sin excesivo celo, va atrayendo el orden a tu vida, en todos los aspectos.
7. Movilizas tu creatividad y la vida te sigue.
8. No es bueno dejar pasar demasiado tiempo sin actuar. Es, incluso, conveniente comenzar a hacerlo desde la incertidumbre.
9. Actúa, pero sin impaciencia, que es una falta de respeto con uno mismo y un freno para tu objetivo.
10. Escribe tu sueño. La amalgama de ideas que te rondan por la cabeza se fijan y ordenan así milagrosamente.

LO ESTÁS CONSIGUIENDO
Ahora te corresponde disfrutar de tu trabajo.

1. Las pequeñas cosas te hacen sentir feliz, sí, pero puedes ser feliz en todo momento.
2. Desde el despertar a la vida que deseas o, lo que es lo mismo, al encuentro contigo, incluso lo que va acaeciendo de «negativo» te hace sentir vivo y capaz de afrontarlo con el ánimo suficiente para transformarlo.
3. Ya sabes que el secreto de la alegría de vivir está en ti; eres tú.
4. Comienzas a creer que «todo sucede por algo», ves que las cosas van encajando, que la vida se acomoda a ti, y no al contrario.
5. Los seres queridos a quienes les cuesta admitir tu progreso, poco a poco, lo irán asimilando y te irán acompañando.

Dales tiempo. Si, finalmente, alguien no tolera tu vuelo, piensa que es un problema exclusivamente suyo.
6. Te guiarán diferentes señales, de las que sólo te percatarás si transitas por la pista de la honestidad.
7. Experimentarás verdaderos milagros, que normalmente tendrán lugar como consecuencia de la acción de compartir tu don y de percibir a cada ser humano como una continuación de ti mismo.
8. Vives «casualidades» que van diciéndote que no sólo se está haciendo efectivo tu sueño, sino que, además, mereces que así sea.
9. A partir de ahora, tu vida será dinámica, nada aburrida, innovadora.
10. El sentimiento general es de serenidad, no tanto de euforia; el ego ha dado paso al ser para que tome asiento y disfrute. Le has dado vida a tu vida.

Bibliografía

Al Siebert: *La resiliencia*. Alienta optimiza, 2007.
Alejandro Jodorowsky: *Cabaret místico*. Siruela, 2006.
Patrice Van Ersel y Catherine Maillard: *Mis antepasados me duelen*. Ediciones Obelisco, 2004.
Antonio Blay: *Energía personal*. Ediciones Indigo, 1990.
Carl G. Jung: *Recuerdos, sueños, pensamientos*. Seix Barral, 1999.
Deepak Chopra: *Las siete leyes espirituales del éxito*. Ediciones Granica, 2004.
Joan Garriga Bacardí: *¿Dónde están las monedas?* Rigden Institut Gestalt, 2006.
Joan Garriga Bacardí: *Vivir en el alma*. Rigden Institut Gestalt, 2008.
Eckhart Tolle: *El silencio habla*. Gaia Ediciones, 2007.
—, *Un mundo nuevo ahora*. Grijalbo, 2006.
—, *El poder del ahora*. Grijalbo, 2006.
Eduard Punset: *El alma está en el cerebro*. Aguilar, 2006.
—, *Por qué somos como somos*. Aguilar, 2008.
Eduardo Jauregui y Jesús Damián Fernández: *Alta diversión*. Alienta Editorial, 2008.
Eric Pearl: *La Reconexión. Sana a otros; sánate a ti mismo*. Ediciones Obelisco, 2008.
Esther y Jerry Hicks: *El increíble poder de las emociones*. Ediciones Urano, 2008.
—, *Pide y se te dará*. Ediciones Urano, 2005.
Isabel Güell: *El cerebro al descubierto*. Kairós, 2006.

Jaume Sanllorente: *Sonrisas de Bombay*. Plataforma Editorial, 2007.

Juanma Opi: *Yo... ¡Cocodrilo! Cómo nace un triunfador*. Granica, 2006.

Joe Dispenza: *Desarrolla tu cerebro*. La Esfera de los Libros, 2008.

Krishnamurti: *La libertad primera y última*. Kairós, 1998.

Lotfi El-Ghandouri: *El despido interior*. Alienta Editorial, 2007.

Louis Hay: *Usted puede sanar su vida*. Urano, 2003.

Mihaly Csikszentmihalyi: *Fluir. Una psicología de la felicidad*. Kairós, 2005.

Thaddeus Golas: *Manual de iluminación para holgazanes* (archivo digital).

Ortega y Gasset: *La rebelión de las masas*. Espasa-Calpe, 2006.

Osho: *El equilibrio cuerpo-mente*. Planeta DeAgostini, 2007.

—, *Vida, amor y risa*. Planeta DeAgostini, 2007.

Pilar Jericó: *Nomiedo en la empresa y en la vida*. Alienta Editorial, 2006.

Rhonda Byrne: *El secreto*. Ediciones Urano, 2007.

Varios autores: *Lo que mueve mi vida*. Plataforma Editorial, 2007.

—, *El nuevo humanismo*. Editorial Kairós, 2007.

—, *¿Y tú qué sabes?* Palmyra, 2006.

Índice

Introducción 9

CAPÍTULO 1: La orientación de tu vida 17
El Ser de los niños 19
Recobra la confianza en ti 24
Conoce tus frenos 33
Tienes poder creativo 44
Siempre estás a tiempo 54

CAPÍTULO 2: El valor de lo intangible 63
Ventajas del desapego 65
Economía de pensamiento 68
La conciencia del presente 73
El sentido del humor 76

CAPÍTULO 3: Siéntete el mundo 81
Somos iguales 82
Una óptica holística 85
Tienes lo que das 90

CAPÍTULO 4: Estás trabajando tu sueño 97
Período para la visualización y el silencio 98
La planificación de tu idea 103
Lo estás consiguiendo 109

EPÍLOGO: Una síntesis, a modo de guía 115
Bibliografía 137

Palabras para el bienestar es el relato de un recorrido hacia el equilibrio, a través de las palabras y de la propia vida. Su autora describe un camino hacia la armonía y el encuentro con uno mismo para salir de ese estado inerte de pseudofelicidad teñida de desasosiego, sembrada de días felices de alegría sin razón y de días sombríos de tristeza sin significado. En tal caso, sólo hay una dirección, que conduce al aprendizaje y al amor: el viaje hacia el interior de ti mismo. Un trayecto que cuesta emprender, y para el que no se reserva pasaje, pero que, una vez iniciado, complace y compensa mucho más de lo que jamás se hubiera imaginado.